Rüdiger Liedt

111 Heilige im Rheinland, die man kennen muss

111

Von Kristin 2025

emons:

Bibliografische Information der Deutschen Nationalbibliothek
Die Deutsche Nationalbibliothek verzeichnet diese Publikation in der Deutschen Nationalbibliografie; detaillierte bibliografische Daten sind im Internet über http://dnb.d-nb.de abrufbar.

Layout: Eva Kraskes, nach einem Konzept
von Lübbeke | Naumann | Thoben
Kartografie: altancicek.design, www.altancicek.de
Kartenbasisinformationen aus Openstreetmap,
© OpenStreetMap-Mitwirkende, ODbL
Druck und Bindung: Grafisches Centrum Cuno, Calbe
Printed in Germany 2020
ISBN 978-3-7408-0886-0
Originalausgabe

Vorwort

Wallfahrten haben Konjunktur, Heilige erleben eine Renaissance. Heiltumsfahrten und Prozessionen wie in Aachen oder Kevelaer haben beinahe schon Eventcharakter. Eine Million Menschen pilgern jährlich an den Niederrhein, über 100 Wallfahrtsorte gibt es heute im Erzbistum Köln. Und nahezu alle großen Volksfeste und Jahrmärkte gehen auf den Festtag eines Heiligen zurück.

Die Heiligenverehrung hat im Rheinland eine Tradition, die bis ins frühe Mittelalter zurückreicht. Als »Fürsprecher bei Gott« wurden sie angerufen, bei Krankheit und Leiden, bei Hungersnöten, Dürren und Kriegsgefahren, während der großen Seuchen wie Pest und Cholera. Man suchte ihre Nähe, vor allem dort, wo sie »anwesend« schienen, in Form körperlicher Überreste, die meist kunstvoll in goldenen Schreinen eingefasst waren. Der Reliquienschatz eines Klosters oder einer Kirche wurde zum Magneten für Gläubige – und zur Quelle von Macht und Reichtum.

Die Seligen und Heiligen im Rheinland sind eine überraschend vielfältige Gruppe von Persönlichkeiten aus unterschiedlichsten Jahrhunderten, die zu christlichen Vorbildfiguren geworden sind: Männer und Frauen, die aus dem Rheinland stammen, zugewanderte Missionsboten, aber auch viele, deren Reliquien aus der Ferne hierhergebracht wurden, vor allem aus Rom und dem Nahen Osten. Die besondere Art der Verehrung dieser Heiligen, ihre Feste und die mit ihnen verbundenen Bräuche haben das Rheinland und seine Menschen seit vielen Generationen geprägt und sind Teil seiner Kultur und Mentalität geworden. »111 Heilige im Rheinland, die man kennen muss« erzählt Geschichten um Glauben und Legenden, Spiritualität und Kommerz.

Das Buch führt quer durch das Rheinland, in den Grenzen der ehemaligen preußischen Rheinprovinz. In ehrwürdige Kathedralen, in spektakuläre Abteien und Klöster, aber auch in malerisch versteckte Kapellen und ungewöhnliche Dorfkirchen. In die Eifel, ins Bergische Land, entlang des Rheins, in die christlichen Metropolen Aachen, Köln und Trier. Und das 111 Mal.

111 Heilige

Hildebold-Platz

1 Die hl. Corona

Nach fast 2.000 Jahren hochaktuell

Im Zuge der 2020 die Welt umspannenden Corona-Pandemie um Covid-19 trat plötzlich eine Heilige der katholischen Kirche auf den Plan, die vergessen schien und die mit der Seuche eigentlich nur den Namen gemeinsam hat. Aber wie es der Zufall der Namensgebung für das lebensbedrohende Virus so will – es erinnert in seiner mikroskopischen Sicht an eine Krone –, wird auch der im 2. Jahrhundert gelebt habenden Märtyrerin nachgesagt, von den Gläubigen bei Seuchen angerufen worden zu sein. Lange vergessen, wurde sich ihrer des Namens wegen wieder erinnert. Im Dom zu Aachen ruhen ihre Reliquien in einem knapp 100 Kilogramm schweren Schrein der Aachener Goldschmiedekunst von 1912, der tief im Depot der Domschatzkammer »begraben« war und jetzt aus aktuellem Anlass neuerlich »erhoben«, restauriert und aufpoliert der Öffentlichkeit präsentiert wird.

Die nachweislich seit dem 6. Jahrhundert verehrte heilige Corona, die »Gekrönte«, soll 177 in Syrien unter römischem Diktat 16-jährig für ihren Glauben nach der Hinrichtung ihres Mannes, des heiligen Victor, selbst den Märtyrertod erlitten haben. Auf besonders grausame Weise: Zwei Palmen wurden zur Erde gebogen, Corona zwischen sie gespannt. Dann ließ man die Palmen emporschnellen, und Corona wurde zerrissen.

997 gelangten die Reliquien der heiligen Corona und die des heiligen Leopardus, eines weiteren Märtyrers, als Geschenk Kaiser Ottos III. (996–1002) von Italien an das Aachener Münster. Weitere Reliquien kamen durch Kaiser Karl IV. (1346–78) in den Dom zu Prag. In Österreich und Tschechien wurden mit der »Krone« Währungen nach ihr benannt. Corona und Leopardus, ursprünglich begraben in Bleisärgen, wurden 1910 aus der Aachener Gruft erhoben. Beide wurden in einem vom Aachener Goldschmied Bernhard Witte gestalteten Doppelschrein in Form einer Kreuzkuppelkirche, goldverziert und mit 375 Edel- und Halbedelsteinen geschmückt, beigesetzt.

Adresse Dom zu Aachen, Domhof 1, 52062 Aachen | **Anfahrt** Bus 11, 14, 21, 44, SB 63, Haltestelle Elisenbrunnen | **Öffnungszeiten** Dom: Jan.–März täglich 7–18 Uhr, April–Dez. täglich 7–19 Uhr; Domschatzkammer: Jan.–März Mo 10–14 Uhr, Di–So 10–17 Uhr, April–Dez. Mo 10–14 Uhr, Di–So 10–18 Uhr | **Attribute** Palme oder Palmenzweig | **Patronat** der Schatzgräber, der Lotterie, des Geldes und der Metzger; gegen Seuchen | **Gedenktag** 14. Mai | **Tipp** Die alten Grabplatten der beiden Heiligen Corona und Leopardus sind im Aachener Dom zu sehen.

2 Die sel. Franziska

Nächstenliebe an Armen und Bedrängten

Es gezieme sich nicht, mit den Armen zu reden, gar mit ihnen zu speisen, ihnen zu nahe zu kommen. Das war das Credo in der Aachener Villa Schervier, wo Franziska 1819 als sechstes Kind eines wohlhabenden Stecknadelfabrikanten zur Welt kam. Obendrein war sie Patenkind des Kaisers Franz von Österreich. Sie wuchs behütet auf, genoss eine großbürgerliche Bildung, wurde katholisch erzogen. Sie war wach, aufmerksam, sensibel, hatte ihren eigenen Kopf. Und war von tiefer Frömmigkeit erfasst.

Aachen war in der ersten Hälfte des 19. Jahrhunderts eine expandierende Industriestadt. Auf der einen Seite der plötzliche Aufstieg und Reichtum der Fabrikanten, auf der anderen die Verwerfungen der aufstrebenden Industriegesellschaft: Immer mehr Menschen drängten in die Städte, die Elendsquartiere explodierten, die Armut nahm zu, es gab Hunger, Seuchen, Not und Leid. In Aachens Gassen wüteten Cholera und Tuberkulose, die Spitäler quollen über.

Franziska Schervier entschied sich früh und gegen den Willen der Eltern, zu helfen, tätig zu werden für Gott und die Menschen. Sie stand einer Armenküche vor, unterstützte Prostituierte, besorgte Unterkünfte für Arbeiterfamilien, bettelte für die Armen. Mit 26 Jahren gründete sie 1845 die Genossenschaft der »Armen-Schwestern vom heiligen Franziskus«, wurde deren Oberin. Die Ordensgemeinschaft orientierte sich am Armutsideal des heiligen Franziskus: zu jedem Opfer bereit sein, um Menschen in leiblicher und seelischer Not zu helfen, Verzicht auf jeglichen eigenen Besitz.

Die Schwestern des expandierenden Ordens arbeiteten in den Lazaretten des Preußenkrieges von 1866 und des Deutsch-Französischen Krieges von 1870/71, gründeten mit den »Franciscan Sisters of the Poor« Dependancen in den USA und sind bis heute vorwiegend in der Krankenpflege tätig. 1876 starb Franziska Schervier in Aachen, 1974 wurde sie seliggesprochen.

Adresse Armen-Schwestern vom hl. Franziskus, Elisabethstraße 19, 52062 Aachen, Tel. 0241/4789311 | **Anfahrt** 250 Meter vom Domhof entfernt in die Kleinmarschierstraße, 150 Meter vom Theaterplatz | **Öffnungszeiten** auf Anfrage unter Tel. 0241/4789311, nach Voranmeldung Besichtigung des Arbeits- und Wirkungszimmers der Klostergründerin möglich | **Gedenktag** 14. Dezember | **Tipp** Die Aachener »Ordensgemeinschaft der Elisabethinnen« (Preusweg 2, Tel. 0241/98090360) wartet seit Jahren auf die Seligsprechung ihrer in der Klosterkirche beigesetzten Stifterin Apollonia Radermecher (1571–1626), der »Meisterin der Armen- und Krankenpflege«.

3 Der sel. Karl der Große

»Heiligsprechung« und Kaiserkult

Wunder hat er nachweislich keine vollbracht und auch kein Martyrium im Namen Jesu erlitten: Karl I. oder später »Karl der Große« (747–814). Dafür startete der Sohn des Frankenkönigs Pippin, nach dessen Tod 769 zum König aufgestiegen und ab 771 Alleinherrscher des Frankenreiches, einen jahrelang andauernden Eroberungsfeldzug durch Europa, machte sich zum König der Langobarden und führte einen unerbittlichen Krieg gegen die Sachsen und ihren Anführer Widukind. Alles im Namen der römischen Kirche zur Missionierung und Christianisierung der Ungläubigen. Allein im »Blutbad von Verden« wurden 782 von Karls Soldateska rund 4.500 Sachsen brutal hingemetzelt. Im Jahr 800 wurde Karl in Rom durch Papst Leo III. zum Kaiser gekrönt.

Heiliggesprochen wurde Karl der Große trotzdem: im Jahr 1165 auf Veranlassung von Kaiser Friedrich I. Barbarossa durch den Kölner Erzbischof Rainald von Dassel und unter Fürsprache des damaligen Gegenpapstes Paschalis III. Allerdings ohne die Zustimmung des offiziellen Papstes Alexander III. 1176 verständigte sich die katholische Kirche auf eine Seligsprechung. Im »Martyrologium Romanum« ist Karl nicht vermerkt. Das tat aber seiner Verehrung durch die katholische Kirche und die Gläubigen keinen Abbruch. Hat er doch mit Feuer und Schwert entscheidend zur Manifestierung des christlichen Abendlandes beigetragen, sein Reich zur führenden Macht Europas gemacht, den Katholizismus als Staatsreligion gefestigt. Und er reformierte Verwaltung und Recht, förderte Bildung und Wissenschaft, setzte Reformen innerhalb der Kirche durch.

Schon zu Beginn seiner Regentschaft machte er Aachen zu einer der bedeutsamsten Pfalzen des Reiches, mit der Gründung des Marienstifts legte er den Grundstock des heutigen Domensembles. 814 wurde er in Aachen beigesetzt. Nach der »Heiligsprechung« wurden Karls Gebeine in den Karlsschrein überführt.

Adresse Dom zu Aachen, Domhof 1, 52062 Aachen | Anfahrt Bus 11, 14, 21, 44, SB 63, Haltestelle Elisenbrunnen | Öffnungszeiten Dom: Jan.–März täglich 7–18 Uhr, April–Dez. täglich 7–19 Uhr; Domschatzkammer: Jan.–März Mo 10–14 Uhr, Di–So 10–17 Uhr, April–Dez. Mo 10–14 Uhr, Di–So 10–18 Uhr | Patronat von Aachen, Paderborn, Osnabrück; der Lehrer, Handelsmakler und Zinngießer | Gedenktag 28. Januar; Hochfest in Aachen | Tipp Die Aachener Domschatzkammer mit den Karlsreliquien ist ein Muss.

4 Der hl. Gregor

Abt von Cerchiara und Burtscheid

Beim Betreten der ehemaligen Abteikirche St. Johann-Baptist, dieses auf dem Johannisberg in Aachen-Burtscheid weithin sichtbaren voluminösen Bauwerks mit der gigantischen Kuppel, erfasst einen das Gefühl, in einen Schwarz-Weiß-Film geraten zu sein. Nach Zerstörung und Wiederaufbau am Ende des Zweiten Weltkrieges wurde die zwischen 1736 und 1754 vom Aachener Baumeister Johann Joseph Couven errichtete Barockkirche, eine der bedeutendsten zwischen Maas und Niederrhein, im Innern strahlend hell gestaltet. Und nähert man sich dem Altar, stößt man in prominenter Position auf den schneeweißen Marmorsarkophag mit den Gebeinen des heiligen Gregor.

Denn dieser zwischen 930 und 940 geborene, aus einer kalabrischen Adelsfamilie stammende und im Basilianer-Kloster Cerchiara als Abt tätige Gregor war es, der 997 im Auftrag Kaiser Ottos III. (980–1002) an dieser Stelle die Abtei Burtscheid errichtete und ihr erster Abt wurde. Als der schon in Unteritalien für seine Frömmigkeit und Wunderkraft gerühmte Mönch 999 noch vor Vollendung des Klosters starb, wurde sein Werk als sein Vermächtnis fortgeführt. Aus der anfänglich kleinen, den Heiligen Nikolaus von Myra und Apollinarius geweihten Kirche wurde im Laufe der Jahrzehnte, bedingt durch reiche Stiftungen und großzügige Gönner, unter denen sich Kaiser Heinrich III. befand, ein im Sinne Gregors prosperierendes Kloster nach den Prinzipien des Benedikt von Nursia mit einer 1017 zu Ehren Johannes des Täufers gebauten erheblich größeren Kirche.

1220 übernahmen die Zisterzienserinnen die Abtei, ersetzten rund 100 Jahre später den romanischen Bau durch eine dreischiffige gotische Kirche und diese Mitte des 18. Jahrhunderts durch die heutige Barockkirche. Infolge der Französischen Revolution wurde die Reichsabtei 1794 aufgelöst, ihr Besitz veräußert, die Kirche 1806 auf Geheiß Napoleons zur Pfarrkirche.

Adresse St. Johann-Baptist, St. Johann 2, 52066 Aachen-Burtscheid, Tel. 0241/961010 | **Anfahrt** A 4, A 544, B 1 folgen, Kurbrunnenstraße und Friedrich-Ebert-Allee bis Abteiplatz; Bus 11, 21, 51 vom Hauptbahnhof, Haltestelle Marienhospital, dann zu Fuß weiter | **Öffnungszeiten** Mo 8 – 12 und 16 – 18.30 Uhr, Di, Mi 10 – 12 Uhr, Do, Fr 8 – 12 Uhr | **Patronat** bei Kinderkrankheiten | **Gedenktag** 4. November | **Tipp** Sehenswert ist die Schatzkammer mit der von Gregor aus seiner kalabrischen Heimat mitgebrachten Nikolaus-Ikone und dem Johannes-Reliquiar.

5 Der hl. Benedikt

Klostergründer und Reformer auf Kaisers Geheiß

Der um 750 geborene Adelige Benedikt von Aniane, erzogen am Hof König Pippins, schließlich Abt des von ihm gegründeten Klosters auf dem gleichnamigen ererbten Anwesen seiner Eltern nahe Montpellier, hatte es Ludwig dem Frommen, dem Sohn Karls des Großen, schon immer angetan. Ludwig, König von Aquitanien, kannte Benedikt von klein auf, war er es doch, der sich gemeinsam mit Arnold von Arnoldsheim um seine Erziehung gekümmert hatte.

814 zum Kaiser gekrönt, drängte Ludwig darauf, den Gottesmann, der berühmt war für seine Askese, in seiner Nähe zu haben. Er holte ihn an den Aachener Hof und ermächtigte ihn 815 zur Gründung eines Klosters in einem Tal am Flüsschen Inda vor den Toren der Stadt. Vor allem aber beauftragte ihn der Kaiser, die »verluderten Sitten« wiederherzustellen, das Mönchswesen radikal zu reformieren, von allen »Ausschweifungen« zu befreien und es schließlich reichsweit einheitlichen Verhaltensregeln zu unterziehen, die sich an den Prinzipien des Benedikt von Nursia (480–547) orientieren sollten (»ora et labora«). Das neue Regelwerk wurde auf der Aachener Reformsynode 816/17 in Anwesenheit aller Äbte des Frankenreiches verabschiedet. Benedikt wurde zum Generalabt, erhielt die Oberaufsicht über sämtliche Klöster im Reich. Sein Kloster »Inda«, später Kornelimünster, wurde zum Musterkloster des Frankenreiches und zur »ideologischen« Kernzelle des Reformkurses, die »Benedictusregel« zum Verhaltenskodex für das gesamte Mönchswesen im Mittelalter. Benedikt von Aniane starb am 11. Februar 821 in Inda/Kornelimünster, sein Grab wurde nie gefunden.

Der Geist und die Verhaltensregeln des Benedikt von Aniane leben heute in der unweit vom alten Kloster Inda gelegenen, 1906 neu gegründeten Abtei Kornelimünster fort, in die nach der Säkularisation und Auflösung der Reichsabtei durch die Franzosen 1803 wieder Benediktinermönche einzogen.

Adresse Benediktinerabtei Kornelimünster, Oberforstbacher Straße 71, 52076 Aachen, Tel. 02408/3055 | **Anfahrt** vom Autobahnkreuz Aachen auf der A 44 Richtung Lüttich, zweite Abfahrt Lichtenbusch, links abbiegen Richtung Monschau bis zur Ampel, links abbiegen in die Oberforstbacher Straße; Bahn bis Aachen Rothe Erde oder Aachen Schanz; Bus 55, 65, Haltestelle Auf der Gallich; Bus 35, Haltestelle Napoleonsberg | **Öffnungszeiten** Klosterpforte: Mo–Fr 8–11.45 und 15–17.45 Uhr, Sa 9–11.15 und 15–17.15 Uhr, So geschlossen | **Patronat** gegen Feuersnöte und Brände | **Gedenktag** 11. Februar | **Tipp** Beeindruckend ist in der Abteikirche der Bilderzyklus von Janet Brooks-Gerloff.

6 Der hl. Kornelius

Reliquientausch unter Kaiser Karl dem Kahlen

Das auf Geheiß Ludwigs des Frommen 815 gegründete Benediktinerkloster Inda bei Aachen nahm einen rasanten Aufschwung, als hier 60 Jahre später die Heiligen – genauer: die Reliquien der beiden Heiligen Kornelius und Cyprianus, Knochenteile ihrer Schädel und eines Armes – einzogen und das Kloster zu »Kornelimünster« wurde.

Den Reliquien-Deal mit Kornelimünster organisierte Kaiser Karl der Kahle, ein Enkel Karls des Großen. Im Gegenzug erhielt seine Klosterneugründung in Compiègne die Hälfte eines im Kloster Inda aufbewahrten Grabtuches Jesu. Den Benediktinern fiel dieser Tausch nicht allzu schwer, hatten sie doch von Ludwig dem Frommen bei der Klostergründung an der Inda einige wertvolle Stücke aus dem Aachener Kirchenschatz als Mitgift erhalten – das vermeintliche Schürztuch von Jesus, das Grabtuch und sein Schweißtuch. Ihr Kloster galt lange als »Kloster des Erlösers«, als »Salvatorpatrozinium«.

Der Tausch sollte sich auszahlen, waren die Märtyrerreliquien der frühen Christenheit doch ein wertvoller Schatz. Entsprechend wurden die Kirchenfeste der Heiligen, von denen man Reliquien »besaß«, gefeiert und zu tagelangen Großereignissen, also auch zu einem bedeutenden Wirtschaftsfaktor. Die kostbaren silber-goldenen, mit Edelstein besetzten Reliquienbüsten der beiden Heiligen ließen Kornelimünster zu Beginn des Mittelalters zu einem der wichtigsten Wallfahrtsorte im Rheinland werden, der heilige Kornelius avancierte als »Patron des Hornviehs« besonders bei der bäuerlichen Bevölkerung zum Star. Immer zahlreicher wurden die Ehrbekundungen für Kornelius, der von 251 bis 253 als Bischof in Rom gewirkt hatte und im Zuge der Christenverfolgung des römischen Kaisers Decius den Märtyrertod gestorben war.

Eine Statue von 1460 am Hauptaltar der Korneliusbasilika zeigt den Heiligen, außerdem ist das »Korneliushorn«, ein in Silber gefasstes Büffelhorn, zu sehen.

Adresse Propsteikirche St. Kornelius, Abteigarten 2, 52076 Aachen-Kornelimünster | **Anfahrt** vom Autobahnkreuz Aachen auf der A 44 Richtung Lüttich, erste Ausfahrt Aachen-Brand, Richtung Kornelimünster | **Öffnungszeiten** 8–18 Uhr | **Attribute** Horn | **Patronat** Hornvieh; gegen »Fallsucht« (Epilepsie), bei Krämpfen, Nerven- und Ohrenleiden; der Liebenden | **Gedenktag** 16. September; jährliche Korneli-Oktav rund um den Festtag des Heiligen; Christusreliquien (Salvatorreliquien) bei der alle sieben Jahre stattfindenden Heiltumsfahrt zu sehen | **Tipp** Zu empfehlen ist das »kunsthaus nrw kornelimünster« in der barocken Klosterresidenz, der ehemaligen Reichsabtei, mit Kunst aus NRW von 1948 bis heute.

7 Der hl. Johannes …

… und der hl. Paulus: Verschollen in der Schachtel

Der ab 1259 errichtete gotische Altenberger Dom und das angeschlossene Stift, malerisch im Tal der Dhünn gelegen, waren immer eine erste Adresse im mittelalterlichen Rheinland. Und Aufbewahrungsort eines ungewöhnlichen Schatzes: der kunstvoll drapierten Kopfreliquien der frühchristlichen Märtyrer Johannes und Paulus. Die beiden Hofbeamten der Konstantina, der Tochter Konstantins des Großen, die auf dem Mons Caelius, einem der sieben Hügel Roms, wohnten, wurden auf Geheiß des dem Glauben abgeschworen habenden Kaisers Julian Apostata um 361 in ihrem Haus enthauptet und verscharrt. Über der Villa wurde ab dem 6. Jahrhundert eine Basilika errichtet, die heutige »Chiesa Santi Giovanni e Paolo«. Die Gebeine der Heiligen wurden erhoben und verehrt, Reliquien von unschätzbarem Wert.

Die Kopfreliquien der Brüder gelangten 1344 durch Abt Hermann von Hochheim in das 1133 gegründete Zisterzienserkloster nach Altenberg. Im Zuge der Säkularisation und der Auflösung des Klosters 1803, aber auch wegen der krummen Finanzgeschäfte verschiedener Äbte wurden zahlreiche Kirchenschätze des Altenberger Doms veräußert. Und plötzlich waren auch die einzigartigen Reliquien der heiligen Brüder weg. Verschollen! Eine Katastrophe. Nach mehr als 200 Jahren geschah Wundersames: 2012 tauchten die beiden Heiligen bei Aufräumarbeiten in einer schmucklosen Schachtel in einem Schrank der Kirche St. Pankratius im nahen Odenthal auf. Und kehrten 2014 im Rahmen eines vom Kölner Kardinal Meisner zelebrierten Hochamtes feierlich zurück in den »Bergischen Dom« – in einem vom Glaskünstler Heinz Mack geschaffenen Doppelreliquiar, das aber nur zu besonderen Gelegenheiten gezeigt wird. Mit Rücksicht auf die Protestanten. Der Grund: Der Altenberger Dom wurde 1857 durch kaiserliches Dekret zum Simultangebrauch der katholischen und evangelischen Kirche bestimmt.

Adresse Altenberger Dom, Eugen-Heinen-Platz 2, 51519 Odenthal-Altenberg, Tel. 02174/4282 | Anfahrt von Köln A 1, Ausfahrt Burscheid, dann Richtung Odenthal und Altenberg | Öffnungszeiten täglich 8 – 18 Uhr, Infos zu Domführungen beim Pastoralbüro unter Tel. 02174/4533; Reliquien in der Sakristei | Attribute als römische Ritter; Johannes mit Schwert, Palme; Paulus mit Lanze und Blitz; Getreidegarbe | Patronat gegen Blitz, Gewitter, Hagel, Regen (Wetterheilige) | Gedenktag 26. Juni | Tipp Es lohnt ein Blick in die Markuskapelle, die früher auf dem Gelände des Klosters lag und ursprünglich die Grablege der Grafen von Berg war, die dann später im Dom beigesetzt wurden.

8 Der hl. Arnold

Den Wald und 20 Dörfer zum Geschenk

»Der Arnold hätte das nie zugelassen«, klagt die aufgewühlte Schwester, als die Rede auf den nahen Hambacher Forst kommt. Das sei Arnolds Wald gewesen, hier habe er gelebt, in den Wäldern meditiert. Er würde sich gegen diese riesigen Bagger stellen, die der umstrittenen Braunkohle wegen die Natur zerstören. »Mitdemonstrieren in der ersten Reihe würde Arnold«, echauffiert sich die Kirchenfrau, als sie die kleine Wallfahrtskapelle, nur wenige Kilometer von den tiefen »Narben« des Tagebaus entfernt, aufschließt und an das spätmittelalterliche Hochgrab ihres Heiligen tritt.

Arnold und die Wälder rund um Arnoldsweiler, das sind zwei Seiten einer historischen Medaille. Bis heute hält sich die Legende rund um den »Bürgewald«. Der Sänger und Harfenspieler am Hof Karls des Großen hatte beim Kaiser einen Stein im Brett. Der schätzte den gebildeten und belesenen Mann aus dem Dörfchen Ginnizweiler, wie Arnoldsweiler damals hieß, der sich besonders für seine notleidenden Landsleute engagierte. So stimmte Karl während einer Jagd in den Wäldern von Ginnizweiler dem Ansinnen Arnolds zu, dieser könne für sich so viel Wald in Anspruch nehmen, wie er während des kaiserlichen Gastmahls zu umreiten imstande wäre. Arnold schwang sich in den Sattel und umritt den nordöstlich von Düren gelegenen »Bürgewald« mit seinen 20 Dörfern zwischen Elle und Erft, markierte mit dem Schwert die Grenzbäume. Die Abmachung mit Karl, verbrieft auf dem Reichstag von Düren 779: Die Bewohner erhielten Anteilsrechte am Wald, durften ab jetzt ihr dringend benötigtes Holz für die kalten Winter schlagen. Dafür hatten die Gemeinden ein jährliches Kerzenopfer zu erbringen, den »Wachszins«, ein Ritual, das über 1.000 Jahre anhielt.

Arnold, der am Hof Karls des Großen Karriere machte, starb am 18. Juli 793 und wurde in der von ihm erbauten Kapelle beigesetzt und 820 durch den Kölner Erzbischof heiliggesprochen.

Adresse Arnolduskapelle, Vikar-Klein-Straße, 52353 Düren-Arnoldsweiler, Tel. 02421/81265 | **Anfahrt** A 4, Ausfahrt Arnoldsweiler, auf L 264 Richtung Merzenich, rechts in die Rather Straße | **Öffnungszeiten** im Pfarrhaus von St. Arnold schellen, keine festen Öffnungszeiten | **Attribute** Harfe, Zither | **Patronat** der Sänger, Organisten, Musiker und Zithermacher | **Gedenktag** 18. Juli; Arnoldus-Oktav rund um das Fest des hl. Arnold, Wallfahrten mit Reliquienprozession zum Arnoldusgrab | **Tipp** Sehenswert sind die Fresken mit Motiven aus dem Leben des heiligen Arnold des Kölner Künstlers Peter Hecker in der Arnolduskapelle.

9__Der hl. Chrysanthus …

… und die hl. Daria: Das Martyrium des Ehepaares

Abt Marquard von Prüm, der 830 auch das Benediktinerkloster in Bad Münstereifel gegründet hatte und ein enger Berater Kaiser Ludwigs des Frommen war, wurde zum Helden, als er es schaffte, 844 mit viel Pomp und großem Gefolge die Reliquien des römischen Märtyrerpaares Chrysanthus und Daria in die Eifel zu holen. Frühchristliche Reliquien aus den Katakomben Roms waren eine Rarität. Ihr Erwerb galt im Früh- und Hochmittelalter als Coup, mit dem sich Kirchen und ganze Regionen schmückten. Vor allem, wenn es sich um Reliquien von Heiligen handelte, deren Anwesenheit Wunder bewirken sollte, sogenannte »Wirkungsheilige«, als die Chrysanthus und Daria schon in Rom verehrt wurden.

Marquard soll die Reliquien nach ihrem Eintreffen in der Eifel vor 1.200 Jahren genau an dem Ort platziert haben, wo sie heute noch zu sehen sind: in der Stiftskirche, deren Ursprungskirche um 700 als Holzkapelle errichtet und die 830 zur Filiale der Benediktinerabtei Prüm ausgebaut wurde. Die heutige, aus Eifelsandstein gebaute Basilika entstand nach einem Großfeuer zu Beginn des 12. Jahrhunderts.

Das Martyrium der Patrone aus dem 4. Jahrhundert: Chrysanthus, der sich gegen den Willen seines Vaters zum Christentum bekehren ließ, sollte von dem Irrglauben ablassen und heiraten. Fünf Jungfrauen, mit denen er in einen Raum eingesperrt wurde, sollten ihn verführen. Diese aber schliefen verstört und »unverrichteter« Dinge ein. Daria, eine von der römischen Göttin Vesta auserkorene Jungfrau, sollte nun auf ihre Weise Chrysanthus auf den »rechten« Weg bringen. Sie ging mit ihm die Ehe ein, wurde aber Christin und gelobte ewige Keuschheit. Die beiden ließen nicht vom Glauben ab, wurden als Christen verfolgt, überlebten immer wieder auf wundersame Weise ihre Martern – selbst ein Löwe und eine Feuersbrunst konnten ihnen nichts anhaben. Sie wurden schließlich zum Tod durch Ersticken verurteilt und lebendig begraben.

Adresse St. Chrysanthus und St. Daria, Langenhecke 3, 53902 Bad Münstereifel, Tel. 02253/180360 | **Anfahrt** A 1, Ausfahrt Mechernich, oder B 51 von Norden beziehungsweise A 61 von Osten kommend, Ausfahrt Rheinbach | **Öffnungszeiten** 9 – 18 Uhr; Schatzkammer: So 12.30 – 13.30 Uhr | **Attribute** Löwe, Ritter, Fackeln, Blumenkranz | **Patronat** der Richter; bei Eheproblemen | **Gedenktag** 25. Oktober | **Tipp** Das Märtyrerpaar begegnet einem in der Kirche auch auf Leinwandbildern und als barocke Figuren im Chor. Sehenswert ist das Hochgrab des 1335 verstorbenen Gottfried von Bergheim, des Grafen von Jülich, der in der Burg von Bad Münstereifel residierte.

10 Der hl. Donatus

Der Wetterheilige der Eifel

Dreimal hat es in den letzten 20 Jahren gebrannt in der Jesuitenkirche St. Donatus in der Innenstadt von Bad Münstereifel. Welche Ironie! Ist doch der heilige Donatus, dem die zwischen 1659 und 1668 erbaute Klosterkirche der Jesuiten geweiht ist, einer der populärsten Volksheiligen der Eifel und des Trierer Lands. Verehrt wird er als Wetterheiliger, dem Blitzschlag und Feuersbrunst nichts anhaben können, besonders geschätzt wird er bei den ländlichen Schützenbruderschaften. Aber wie gelangt ein römischer Soldat und Heerführer der zwölften Legion Kaiser Marc Aurels (»Legio Fulminata«), der zwischen 140 und 180 nach Christus gelebt hat, im Jahr 1652 ausgerechnet nach Bad Münstereifel?

1625 waren die Jesuiten als »Soldaten Christi« (Gelübde: Armut, Ehelosigkeit, Gehorsam und totale Loyalität dem Papst gegenüber) im Zuge der Gegenreformation nach Bad Münstereifel gekommen und hatten ein Kloster mit angeschlossenem Kolleg gegründet, das heutige St.-Michael-Gymnasium. Papst Innozenz X. (1644–1655) schenkte dem Jesuitenorden von Münstereifel zur Eröffnung die zuvor in Rom gehobenen Reliquien des heiligen Donatus, des Mannes, der durch sein »Regenwunder« während des Kampfes gegen die Germanen die Soldaten vor dem Verdursten gerettet und den Feind besiegt hatte. Als er aber die Ehe mit der Enkelin des Kaisers aus religiösen Gründen verweigerte, wurde er zum Tode verurteilt und starb als bekennender Christ den Märtyrertod.

Und als es bei der Überführung der »heiligen Gebeine« von Rom nach Münstereifel während einer Station in der Martinskirche zu Euskirchen zu einem verheerenden Unwetter kam und der den Schrein begleitende Jesuitenpater von einem Blitz getroffen und schwer verletzt wurde, aber durch das Anrufen des heiligen Donatus auf wundersame Weise rasch geheilt werden konnte, war für die Menschenmenge klar: Sankt Donatus ist der Schutzheilige gegen Blitz und Donner.

Adresse Jesuitenkirche St. Donatus, Delle 4, 53902 Bad Münstereifel, Tel. 02253/180360 | Anfahrt A 1, Ausfahrt Mechernich, oder B 51 von Norden beziehungsweise A 61 von Osten kommend, Ausfahrt Rheinbach | Öffnungszeiten täglich 9–18 Uhr | Attribute Messer, Getreidegarbe, Weinstock, Blitz | Patronat gegen Unwetter, Blitzschlag, Hagel und Feuersbrünste | Gedenktag 30. Juni | Tipp Es lohnt ein Besuch der spätgotischen Wallfahrtskapelle St. Michael (erbaut um 1500), die 1632 den Jesuiten von Bad Münstereifel übertragen wurde (Michelsberg, Kapelle 1).

11 Der hl. Willibrord

Von der Wassersegnung zur »Springprozession«

Natürlich wird der heilige Willibrord immer mit dem Kloster im luxemburgischen Echternach gleich hinter der deutschen Grenze und damit mit dem einst preußischen Rheinland in Verbindung gebracht – und mit der dortigen legendären »Springprozession«. Das wundert nicht, schließlich ist Willibrord in dieser seiner Gründung 739 gestorben. Hier wurde er beigesetzt. Und der marmorne Sarkophag mit den Gebeinen des schon kurz nach seinem Tod Heiliggesprochenen in der mächtigen Basilika des Klosters Echternach wurde zu einem stark frequentierten Wallfahrtsort, der bis heute nichts von seiner Faszination eingebüßt hat.

Der 658 in England geborene Willibrord hatte auch im Rheinland viele Spuren hinterlassen, nachdem er 690 mit einem Dutzend Gefährten, zu denen unter anderem auch der heilige Suitbert und die Brüder Ewalde gehörten, von Irland aus zur Mission Westfrieslands, des heutigen Hollands, eingetroffen war. Der Benediktinermönch und ausgebildete Missionar zog jahrzehntelang als »Wandermissionar« durch die Lande und gab erst Ruhe, als das Christentum in den hintersten Winkeln etabliert war. Der »Friesen-Apostel« war auch für seine Wunder berühmt. So beherrschte er der Legende nach die Gabe Jesu, aus Wasser Wein zu machen.

Im Rheinland gibt es zahlreiche nach ihm benannte Kirchen und Kapellen. Eine der größten ist der seit der Reformation protestantische »Wesel-Dom« am Niederrhein. Außerdem sind diverse Quellen nach ihm benannt, wie der legendäre Willibrordis-Heilbrunnen am Welchenberg bei Grevenbroich (Neuhausen), wo der Heilige 709 ein heute nicht mehr existierendes Kloster gebaut hat. Oder kleinere Gotteshäuser wie die Willibrord-Kirche in Bedburg-Kirdorf. Und die gibt es gleich zweimal: die alte aus dem 16. Jahrhundert mit einer beeindruckenden Willibrord-Statue aus dem 18. Jahrhundert und die neue, 1988 geweihte, die im Altar Reliquien des Heiligen vorhält.

Adresse St. Willibrord, Theodor-Heuss-Straße 8, 50181 Bedburg-Kirdorf, Tel. 02272/9785120 | **Anfahrt** von Köln über A 57, Ausfahrt Worringen, B 59 und B 477 bis Bergheim, dann L 361 und K 41, Grevenbroicher Straße, K 32 und Theodor-Heuss-Straße bis Willibrordusstraße | **Öffnungszeiten** täglich 9–17 Uhr | **Attribute** als Bischof mit Stab, Buch und Kirchenmodell | **Patronat** von Luxemburg; gegen Epilepsie, Wahnsinn, Hauterkrankungen und Kinderkrankheiten | **Gedenktag** 7. November | **Tipp** Der kleine Willibrordis-Brunnen am Welchenberg ist heute noch zu sehen (Gut Welchenberg). Allerdings ist die Quelle aufgrund der nahen Kohleförderung versiegt.

12 Der hl. Rochus

Der Kampf gegen die Pest

»Heiliger Rochus, steh uns bei!« Die Pest war die Geißel ihrer Zeit. Sie forderte Zehntausende Tote, zeichnete verheerende Krankheitsbilder, zerrüttete Mensch und Gesellschaft. Nicht nur in den Städten, auch auf dem Land. Wo die Medizin nicht helfen konnte, jedes Hausmittel versagte und die Not schier unermesslich war, »half« nur noch der Heilige. Auch im Bergischen Land wütete die Pest bis 1679. Und da wurde der heilige Rochus zum Fürbitter, zur letzten Rettung und Hoffnung. Dem Schutzpatron der Pestkranken wurden nach dem Ende der Epidemie im ausgehenden 17. Jahrhundert mehrere Kapellen gebaut, wie die in Bergisch Gladbach-Sand und Engelskirchen-Loope.

Der um 1295 reich geborene und bei den Dominikanern in Montpellier christianisierte Rochus schenkte nach dem Pesttod seiner Eltern als 20-Jähriger sein gesamtes Vermögen den Armen und machte sich auf zu einer Pilgerreise nach Rom. Immer wieder pflegte er auf seiner Wanderschaft Pestkranke, heilte sie auf wundersame Weise durch das Zeichen des Kreuzes. Auf der Rückkehr von Rom erkrankte auch Rochus nahe Piacenza an der Pest. Er zog sich in eine einsame Waldhütte zurück und lag im Sterben. Ein Hund, der ihm täglich Brot ans Krankenlager brachte und seine Pestbeulen leckte, rettete ihm schließlich das Leben. Zurück in der Heimat wurde er als Spion in den Kerker geworfen. Ohne seine Herkunft als anonymer Pilger preiszugeben, starb er am 16. August 1327 nach fünf Jahren Haft. Erst da wurde seine wahre Identität aufgedeckt: durch das kreuzförmige Muttermal auf seiner Brust, das immer größer geworden sein soll.

Dargestellt wird der 1530 heiliggesprochene Rochus, dessen Reliquien seit 1485 in Venedig liegen, stets mit einer Pestbeule am Bein und mit einem Hund, der meist ein Stück Brot im Maul hat. Er wurde durch die im Mittelalter immer wiederkehrenden Pestausbrüche auch im Rheinland zu einem der großen volkstümlichen Heiligen.

Adresse Rochuskapelle Sand, Herkenrather Straße, 51465 Bergisch Gladbach; Rochuskapelle Loope, Kapellenweg, 51766 Engelskirchen-Loope | **Anfahrt** Rochuskapelle Sand: A 4, Ausfahrt Bergisch Gladbach-Bensberg, Friedrich-Ebert-Straße folgen, L 289 bis Herkenrather Straße; Rochuskapelle Loope: A 4, Ausfahrt Overath, B 55 Richtung Overath/Loope/Much, Kölner Straße folgen, bis Overather Straße in Engelskirchen, über die Agger | **Öffnungszeiten** von außen immer zu besichtigen, innen über Pfarramt Bergisch Gladbach, Tel. 02202/28380 | **Attribute** als Pilger mit Pestbeule am Oberschenkel, mit Hund und Brot | **Patronat** der Pestkranken, Ärzte, Apotheker | **Gedenktag** 16. August | **Tipp** Der heilige Rochus wird im Bergischen Land auch in den sehenswerten Feldkapellen in Hohkeppel-Schmitzhöhe, Lindlar-Kemmerich und Lindlar-Oberbreidenbach verehrt.

13_Die hl. Hildegard

Verehrt als »Botschafterin Gottes«

Sie war belesen, gebildet, hatte die theologischen Denker ihrer Zeit verinnerlicht. Sie hat drei bedeutende theologische, die Jahrhunderte überdauernden Werke verfasst und mit ihrem Erstling »Scivias – Wisse die Wege« einen Bestseller gelandet. Sie schrieb in lateinischer Schrift, obwohl sie die Sprache nie gelernt hatte, sie war sprachgewaltig in der Predigt, dozierte vor Gelehrten, dichtete, komponierte und veröffentlichte medizinisch-naturkundliche Schriften. Hildegard von Bingen (1098–1179) war hochbegabt, universal gebildet und eine charismatische Erscheinung trotz schwacher Konstitution. Eine Visionärin, die versuchte, den Zusammenhang zwischen Gott, der Welt und den Menschen zu erklären, und die »von der Geburt bis zum Tode die Gabe hatte, göttliche Geheimnisse zu schauen«. Papst Benedikt XVI. erhob die Benediktinerin, eine der bedeutendsten Frauen des Mittelalters, die immer als heilig galt, aber nie eine offizielle Kanonisierung erfahren hatte, 2012 zur Kirchenlehrerin der Weltkirche.

Aus gutem Haus stammend und im Benediktinerkloster Disibodenberg an der Nahe zum Glauben erzogen, entschied sich Hildegard früh für das klösterliche Leben. Um 1150 gründete sie dort, wo Nahe und Rhein zusammenfließen, auf dem Grab des heiligen Rupert von Bingen, des Patrons der Pilger, das Kloster Rupertsberg und war dessen Äbtissin. Auf ihren Reisen und dank ihres Ruhms weit über Bingen hinaus trug sie einen ungewöhnlichen Reliquienschatz zusammen, der heute in der zweiten Klostergründung Hildegards auf der anderen Rheinseite, in Eibingen, zu sehen ist. Nach der völligen Zerstörung des Klosters am Rupertsberg durch die Schweden im Jahr 1632 zogen die Nonnen vollständig nach Eibingen, das bis 1814 als Kloster fungierte. Heute sind der Reliquienschatz Hildegards und der goldene Hildegardisschrein mit ihren Gebeinen im Altarraum der Eibinger Pfarr-und Wallfahrtskirche zu bewundern.

Adresse Wallfahrtskirche St. Hildegard, Marienthaler Straße 3, 65385 Rüdesheim-Eibingen, Tel. 06722/4520 | **Anfahrt** von Bingen mit der Fähre nach Rüdesheim, in der Stadtmitte auf Eibinger Straße, dann in Marienthaler Straße | **Öffnungszeiten** täglich 8–18 Uhr | **Attribute** Schreibpult und Feder, Almosen verteilend, mit drei Türmen für die Klostergründungen | **Patronat** der Fieberkranken, der Philologen und Sprachforscher | **Gedenktag** 17. September (Hildegardistag) | **Tipp** Man sollte sich auch zum Binger Rupertsberg begeben, wo in einem Gewölbekeller des ehemaligen Klosters das Leben der Hildegard nachgezeichnet wird (Am Rupertsberg 16). Außerdem sehenswert: der Hildegardisaltar in der Binger Rochuskirche.

14 Der hl. Georg

Der Eifelschatz im Büstenreliquiar

Wie um Himmels willen kommt der heilige Georg beziehungsweise seine körperlichen Überreste nach Blankenheim? Das ist in erster Linie den Eitelkeiten der Herrschenden und der damaligen Mode zuzuschreiben, möglichst viele Reliquien zu besitzen, um Heilige anrufen zu können, aber auch um den persönlichen Wirkungsgrad zu erhöhen.

Auch die Adelsfamilie Leon zu Heinsberg erwarb auf ihren Wallfahrten nach Rom und Jerusalem immer wieder bedeutende Reliquien, die in der Schlosskapelle der hoch über dem Tal thronenden Burg ausgestellt wurden. Prunkstück des Reliquienschatzes war die aus Silber getriebene Georgsbüste aus dem Jahr 1440. Darin: ein Stück des Schädels und ein Beinknochen des Heiligen, dieses legendären römischen Heerführers und Helden, der den Drachen tötete und als Christ den Märtyrertod starb. Georg (um 280–305), Idol der Kreuzfahrer und deutschen Ritter, wurde zum Schutzheiligen der Grafschaft, das gerade mal zwölf Häuser zählende Blankenheim zum Wallfahrtsort – mit einer jährlichen Heiltumsfahrt zu den 27 Reliquien der Schlosskapelle.

Das wurde dem neuen Burgherrn Johann I. (1488–1524) von Manderscheid-Blankenheim und seiner Frau Margarete zu viel. Der Graf ließ 1495 kurzerhand am Berghang die einschiffige Pfarrkirche St. Mariä Himmelfahrt bauen, die 1505 der Mutter Jesu und dem heiligen Georg geweiht wurde. Die neue Kirche erhielt das gesamte Interieur der Schlosskapelle: Altar, Taufbecken und die Reliquien. Als die Revolutionstruppen der Franzosen 1794 in die Eifel vorrückten und im Zuge der Säkularisation den Klöstern und Kirchen zusetzten, floh die damalige Gräfin Augusta nach Prag. Im Gepäck: die Büste Georgs. 1820 gelangte das wertvolle Stück zurück in die Eifel und steht seither hinter einem Eisengitter gut einsehbar links des Altars. Anlässlich der jährlichen Georgsprozession wird sie durch die Gassen Blankenheims getragen.

Adresse St. Mariä Himmelfahrt, Zuckerberg 6, 53945 Blankenheim, Tel. 02449/95140 | **Anfahrt** von Köln über B 265 oder A 1 | **Öffnungszeiten** täglich 9–18 Uhr | **Attribute** Georgskreuz (rotes Kreuz auf weißem Grund), Drache, Ritter mit Lanze, Palmwedel | **Patronat** der Bauern, Reiter, Soldaten; gegen Fieber, Syphilis, für das Vieh und gutes Wetter | **Gedenktag** 23. April | **Tipp** Eine bedeutende Verehrung des heiligen Georg gab es im Rheinland auch im Kloster Siegburg und im Kloster St. Pantaleon in Köln.

15 Der hl. Cassius

... und der hl. Florentius: Bonns Stadtpatrone

Bonn hat im Gegensatz zu Köln und Xanten gleich drei Heilige der legendären, aus Christen zusammengesetzten Thebäischen Legion im »Programm«, römische Soldaten, die um 300 für ihren Glauben im Rheinland, genauer in Bonn, den qualvollen Märtyrertod gestorben waren. Zwei von ihnen, Cassius und Florentius, haben es zu Stadtpatronen von Bonn gebracht. Der Dritte im Bunde, der heilige Mallosus, geriet nach einer kurzen Verehrung im Mittelalter weitgehend in Vergessenheit und ist heute nur noch in der Doppelkirche in Bonn-Schwarzrheindorf anzutreffen.

Als der einflussreiche Abt des mächtigen Bonner Cassius-Stifts Gerhard von Are (1100–1169) – zu seinem Beritt gehörten auch die Burgen Drachenfels und Poppelsdorf – im Zuge des umfangreichen Ausbaus der Bonner Münsterbasilika 1166 auf die Gräber der Märtyrer Cassius und Florentius stieß, deren Reliquien heben ließ, in kostbare Schreine überführte und in Anwesenheit des Kölner Erzbischofs Rainald von Dassel am Hochaltar der Stiftskirche platzieren ließ, sollte das den Ruhm der beiden Heiligen für immer mit der Stadt Bonn verbinden. Die Art der Bestattung und die urkundlichen Erwähnungen ließen darauf schließen, dass die Märtyrer ab Anfang des 4. Jahrhunderts als Heilige verehrt wurden, dass bereits die Ursprungskirche ihnen geweiht war. Ihre Hinrichtung beziehungsweise das Martyrium soll dort stattgefunden haben, wo 1721 die Marterkapelle errichtet wurde, die sich schnell zum Wallfahrtsort entwickelte.

Die 1971 neu gestalteten Reliquienschreine in der Krypta stehen über der Gruft, in der die Märtyrer bestattet waren. Bereits 1643 wurden Cassius und Florentius zu Stadtpatronen Bonns erhoben. Zwei 2006 wiederentdeckte Büsten der beiden Stadtheiligen aus dem 18. Jahrhundert sind heute im Hochchor des Bonner Münsters zu sehen.

Adresse Bonner Münster, Gerhard-von-Are-Straße 5, 53111 Bonn, Tel. 0228/985880 | **Anfahrt** Bonner Münster in der Fußgängerzone (Tiefgaragen: Münsterplatzgarage, Friedensplatzgarage), nahe dem Hauptbahnhof | **Öffnungszeiten** Kirche und Kreuzgang: Mo–Fr 10–17 Uhr, Sa 10–15.30 Uhr, So 11–16.30 Uhr | **Attribute** als Soldaten mit Fahne und Schild | **Patronat** von Bonn | **Gedenktag** 10. Oktober | **Tipp** Vor dem Bonner Münster liegen die überdimensionierten, in Granit gehauenen Köpfe von Cassius und Florentius des deutsch-türkischen Bildhauers Iskender Yediler von 2002.

16 Die hl. Helena

Die unglaubliche Mutter des großen Konstantin

Die 250 nach Christus in Drepanon am Bosporus geborene Wirtshaustochter Helena hatte eine Affäre mit dem römischen Offizier Constantius, war dessen Konkubine und Mutter des gemeinsamen Sohnes. Als Constantius durch Heirat römischer Kaiser wurde, verleugnete er Helena, ließ aber dem Sohn Konstantin eine vorbildliche Erziehung angedeihen. Als der Vater starb und Konstantin ihm 306 auf den Thron folgte, rief der seine Mutter, die immer einen starken Einfluss auf ihren Sohn ausgeübt hatte, an seine Residenz nach Trier, verlieh ihr den Titel »nobilissima femina«, erhob sie in den Rang einer »Augusta« und machte sie damit zur Kaiserin. »Konstantin der Große«, wie er später genannt wurde, beendete mit dem Toleranzedikt von Mailand die Christenverfolgung im Römischen Reich, ließ sich aber, im Gegensatz zu seiner Mutter, nicht taufen.

Die Stadt Bonn ist untrennbar mit der heiligen Helena verbunden. Sie ist die Gründerin des Cassius-Stifts und des Bonner Münsters, die zu den einflussreichsten Kircheneinrichtungen des Rheinlands zählen. Sie ließ über den Gräbern der Märtyrer der Thebäischen Legion bedeutende Kirchen errichten. Neben Bonn, wo sie die Reliquien der späteren Heiligen Cassius und Florentius bergen ließ, gründete sie Stifte in Köln und Xanten, wo die Überreste der Heiligen Gereon und Victor gehoben wurden. Helena soll für den Bau zahlreicher weiterer Kirchen verantwortlich gewesen sein: der Grabeskirche in Jerusalem, der Geburtskirche in Bethlehem und der Apostelkirche in Konstantinopel. Auf einer Pilgerreise nach Palästina 326 will sie das Grab Jesu entdeckt haben. Von dort soll sie zahlreiche Reliquien wie Teile des Kreuzes und den »Heiligen Rock« mitgebracht haben, die heute zusammen mit ihrem Schädel die wichtigsten Reliquien des Trierer Doms sind. Im Bonner Münster begegnet man ihr vielfach. Herausragend: die 1630 geschaffene Bronzefigur im westlichen Langhaus.

Adresse Bonner Münster, Gerhard-von-Are-Straße 5, 53111 Bonn, Tel. 0228/985880 | **Anfahrt** Bonner Münster in der Fußgängerzone (Tiefgaragen: Münsterplatzgarage, Friedensplatzgarage), nahe dem Hauptbahnhof | **Öffnungszeiten** Kirche und Kreuzgang: Mo–Fr 10–17 Uhr, Sa 10–15.30 Uhr, So 11–16.30 Uhr | **Attribute** Kreuz, Nägel | **Patronat** von Trier | **Gedenktag** 18. August | **Tipp** Es lohnt ein Blick in die nahe Helenenkapelle (Am Hof 34, Mo–Sa 8–18 Uhr).

17 Der hl. Mallosus

Der Unbekannte aus der Oberkirche

Die an der Siegmündung gelegene romanische Doppelkirche St. Maria und St. Clemens gehört zu den herausragenden Gotteshäusern des Rheinlands. Die vom Kölner Erzbischof und Kurfürsten Arnold II. von Wied (1098–1156) und seiner Schwester Hadwig auf deren riesigem Landgut erbaute und 1151 geweihte Kirche besticht durch eine Unter- und eine Oberkirche mit einer mittigen achteckigen Öffnung, von der aus sich Gottesdienste abseits des Volkes verfolgen ließen. Vorbild dieser Konstruktion war die Aachener Pfalzkapelle Karls des Großen, und so kann davon ausgegangen werden, dass sich Arnold auch eine Art Begräbniskirche und Mausoleum bauen wollte. Seine Schwester Hadwig gründete unmittelbar neben der Kirche 1156 ein Kloster der Benediktinerinnen.

St. Maria und St. Clemens besticht durch ihr außergewöhnliches Interieur, vor allem durch die spektakulären Wandmalereien aus der Mitte des 12. Jahrhunderts, den sogenannten Ezechiel-Zyklus, inspiriert durch die Schriften des Benediktiners und Mystikers Rupert von Deutz (1075–1129). In den vermutlich 1166 entstandenen Decken- und Wandmalereien, in denen auch die Stifter von Kirche und Kloster verewigt sind, entdeckt man einen der unbekannteren, aber nicht weniger spektakulären Heiligen des Rheinlands, den man aus der Literatur nur vage kennt und von dem es ansonsten keine Abbildungen gibt: den heiligen Mallosus, ein Mitglied der Thebäischen Legion. Viele Legionäre der römischen Armee erlitten Ende des 3. Jahrhunderts im Rheinland den Märtyrertod im Zuge der Christenverfolgung. Während es andere Mitglieder der Legion zu Stadt- beziehungsweise Schutzpatronen brachten (Cassius und Florentius, Gregor und Viktor), geriet Mallosus, dessen Gebeine anlässlich des Baus des Bonner Münsterchores durch Propst Gerhard von Are 1166 gehoben worden sein sollen, nach einer vorübergehenden Verehrung im Mittelalter in Vergessenheit.

Adresse St. Maria und St. Clemens, Dixstraße 41, 53225 Bonn-Schwarzrheindorf, Tel. 0228/461609 | **Anfahrt** von Köln A 59, A 56, Ausfahrt Bonn-Beuel/Niederkassel, Niederkasseler Straße bis Stiftsstraße; Bus 640 von Bonn Thomas-Mann-Straße bis Schwarzrheindorf Kirche | **Öffnungszeiten** Do–So 9–17 Uhr, sonst geschlossen | **Gedenktag** 10. Oktober | **Tipp** Die Bilder in der Oberkirche können frühestens 1166 gemalt worden sein, da unter den Märtyrern der heilige Mallosus auftaucht, dessen Gebeine erst 1166 gehoben wurden.

18 Die hl. Adelheid

Der Brunnen und der »Pützchens Markt«

Viele Frauen, die rasante »Klosterkarrieren« gemacht haben, kamen aus gutem Haus. Kein Wunder. Sie genossen eine umfangreiche Bildung und entschieden sich, die gesellschaftlichen Widersprüche ihrer Zeit analysierend, auf irdischen Wohlstand zu verzichten und ihr Leben in den Dienst des Herrn zu stellen. So auch die heilige Adelheid von Vilich, 970 in Geldern am Niederrhein als Tochter eines Grafenpaares geboren, die ihre Erziehung in St. Ursula in Köln erfuhr. Ihre Eltern gründeten nach dem Tod ihres im Böhmenkrieg gefallenen Sohnes das Nonnenstift Vilich bei Bonn, in dem Adelheid erste Äbtissin wurde. Ihre Schwester Bertrada machte derweil Karriere in St. Maria im Kapitol in Köln.

Nach dem Tod der Schwester wurde Adelheid vom Kölner Erzbischof Heribert zusätzlich zur Nachfolge an das Stift St. Maria im Kapitol in Köln berufen, dort Äbtissin und seine enge Vertraute und Beraterin. Als sie an einem 5. Februar um 1015 in Köln starb und anschließend in Vilich beigesetzt wurde, hatte sich ihr Ruhm schon über das ganze Rheinland verbreitet. Vor allem ihr Wasserwunder führte zu einer großen Adelheid-Verehrung und zu einem die Jahrhunderte überdauernden Wallfahrtsboom.

Im nahen Pützchen soll die Heilige während einer Dürre, die das Rheinland heimsuchte, auf wundersame Weise durch den Stoß ihres Stabes eine Quelle zum Sprudeln gebracht und so Mensch und Tier vor dem Verdursten gerettet haben. Schon kurz nach ihrem Tod geschahen neue Wunder. Blinde konnten wieder sehen, Lahme wieder laufen, Aussatz verschwand. Über Jahrhunderte hatte sich die Adelheid-Verehrung im Rheinland gehalten, galt sie als Heilige. Offiziell von Rom anerkannt wurde sie aber erst durch die Heiligsprechung durch Papst Paul VI. 1966. Bis heute fließt die Adelheid-Quelle unweit der im Mittelalter erbauten Adelheid-Kapelle und -Kirche und wird vor allem von Menschen mit Augenleiden aufgesucht.

Adresse Stifts- und Pfarrkirche St. Peter, Adelheidisstraße 8, 53225 Bonn-Vilich, Tel. 0228/466108; St. Adelheid am Pützchen, Karmeliterstraße 6, 53229 Bonn-Pützchen, Tel. 0228/482113 | **Anfahrt** linksrheinisch von Köln kommend über A 59 bis Bonn-Vilich, über B 42 und Siegburger Straße nach Pützchen | **Öffnungszeiten** täglich 8–18 Uhr | **Attribute** Buch, Äbtissinnenstab, Kirchenmodell, Brote | **Patronat** gegen Augenleiden; seit 2008 Stadtpatronin von Bonn | **Gedenktag** 5. Februar | **Tipp** Der jährliche Pützchens-Markt in der zweiten Septemberwoche, mit dem die heilige Adelheid gefeiert wird, gehört zu den größten Volksfesten im Rheinland und hat seinen Ursprung in den Pilgertreffen.

19 Der hl. Nikolaus

In Brauweiler begegnet man ihm noch »leibhaftig«

Auf einer Holzkonsole links am Pfeiler sitzt mit segnender Hand, den Hirtenstab zwischen den leicht angewinkelten Beinen, den Boden berührend, der heilige Nikolaus. Aus Holz, aus einem einzigen Stück geschnitzt und modelliert. Die beeindruckende Skulptur eines unbekannten Künstlers von etwa 1180 ist die älteste und wahrscheinlich auch wertvollste Nikolausfigur im Rheinland und war lange ein Magnet für Wallfahrer.

Nun gibt es entlang des Rheins zahlreiche dem heiligen Nikolaus geweihte Kirchen und Kapellen. Aber wohl keine kann von sich behaupten, auch ein »Stück« des Heiligen in ihren Mauern zu beherbergen: eine Fingerreliquie des heiligen Nikolaus in einem kleinen Metallbecher hinter Glas an der Vorderseite des sogenannten Volksaltars. Papst Benedikt VIII. hatte den edel verzierten Finger des Heiligen aus dem Reliquienschatz in Bari den Stiftern und Gründern des Benediktinerklosters Brauweiler und der Abteikirche, Ezzo und Mathilde, 1024 zum Einstiegsgeschenk gemacht.

Die in ihrer heutigen Pracht im Wesentlichen zwischen 1136 und 1225 errichtete Abteikirche war als erste deutsche Kirche dem heiligen Nikolaus von Myra (um 280–um 350) geweiht, diesem von Legenden umrankten und für volkstümliches Brauchtum stehenden Heiligen, der zu den populärsten der Christenheit zählt. Und dem heiligen Medarnus, dem Patron der kleinen hölzernen Vorgängerkirche. In Deutschland erlebte der heilige Nikolaus, der im Osten schon im 6. Jahrhundert verehrt wurde, seinen Durchbruch im 10. Jahrhundert. Vor allem auf Initiative der aus Byzanz stammenden Kaiserin Theophanu, der Frau Kaiser Ottos II. Dem heiligen Nikolaus begegnet man in Brauweiler mannigfaltig: Eine Statue aus Sandstein steht am Eingang der Vorhalle, eine überlebensgroße Holzfigur von 1591 in einer Rundbogennische, man entdeckt ihn rechts und links des Eingangs, am Gewölbe, auf Fenstern, am Altar.

Adresse St. Nikolaus und St. Medardus, Ehrenfriedstraße 19, 50295 Pulheim-Brauweiler, Tel. 02234/82248 | **Anfahrt** A 1, Ausfahrt Bocklemünd, Richtung Pulheim, weiter über B 59 und L 183 nach Brauweiler | **Öffnungszeiten** Di–Fr 10–17 Uhr, Sa 9–12 und 14–18.30 Uhr, So 14–19 Uhr | **Attribute** Bischof mit Stab, drei goldene Kugeln | **Patronat** der Kinder, Pilger, Seeleute, Kaufleute, Bierbrauer und Schnapsbrenner | **Gedenktag** 6. Dezember | **Tipp** Besondere Beachtung verdienen die in der Vorhalle der Abtei Brauweiler 1780 aufgestellten überlebensgroßen Heiligenfiguren aus Terrakotta.

20 Die sel. Richeza

Die Kirche der polnischen Königin

Sie war von Geburt an privilegiert: Richeza, die älteste Tochter des Pfalzgrafen Ehrenfrid (955–1034), genannt Ezzo, und seiner Frau Mathilde (979–1025), einer Tochter Ottos II. und der byzantinischen Kaiserin Theophanu. Ezzo schenkte seiner Angetrauten das Brauweiler Gut und bekam mit ihr zehn Kinder: drei Söhne und sieben Töchter. Sechs Töchter wurden Äbtissinnen in bedeutenden Klöstern, Sohn Hermann wurde Erzbischof von Köln und Kanzler des deutschen Kaisers. Richeza (um 995–1063) wurde, gerade einmal 16 Jahre alt, mit dem späteren polnischen König Mieszko II. verheiratet und Königin von Polen. Nicht zuletzt im Hinblick auf die »letzte Ruhestätte« für sich und seine Gemahlin in »geweihter Erde« hatte Ezzo 1024 nahe dem Hofgut die Abtei Brauweiler als sein Hauskloster gestiftet.

Grundlegendes änderte sich für das Benediktinerkloster Brauweiler, als Königin Richeza nach dem Tod ihres Mannes und politischen Turbulenzen in Polen 1036 in die Heimat zurückkehrte. Die strenggläubige Christin und vermögende Tochter entschied nach familiären Schicksalsschlägen 1047, in den Dienst der Kirche zu treten, erhielt die Weihen durch Bischof Brun von Toul, den späteren Papst Leo IX., verzichtete auf Reichtum und königliche Ehren und stiftete, auf dem Grund des Vorgängerbaus, eine größere, prächtigere Klosterkirche. Mit einer Krypta als Familiengrabstätte, in der sie an der Seite ihrer Eltern begraben werden wollte. 1061 wurde die fertige Kirche durch den Kölner Erzbischof Anno II. geweiht.

Und dann das: Als Richeza drei Jahre später starb, wurde sie nicht in *ihrer* Grablege in der Westwand der Krypta beigesetzt, sondern auf Geheiß Annos II. in dessen Kölner Stiftung St. Maria ad Gradus. Heute liegen die Reliquien Richezas in der Johanneskapelle des Kölner Doms, eine kleine Reliquie der Seligen befindet sich seit 1959 in der leeren Grablege in Brauweiler.

Adresse St. Nikolaus und St. Medardus, Ehrenfriedstraße 19, 50295 Pulheim-Brauweiler, Tel. 02234/82248 | **Anfahrt** A 1, Ausfahrt Bocklemünd, Richtung Pulheim, weiter über B 59 und L 183 nach Brauweiler; A 4, Ausfahrt Frechen-Nord, Richtung Köln-Weiden und Pulheim (L 183), Ausschilderung »Abtei Brauweiler« folgen | **Öffnungszeiten** Di–Fr 10–17 Uhr, Sa 9–12 und 14–18.30 Uhr, So 14–19 Uhr | **Gedenktag** 21. März | **Tipp** Anschauen sollte man sich das Stiftergrab des Pfalzgrafenpaares Ezzo und Mathilde, um 1200 gestaltet, und das markant hängende Stifterbild von 1657.

21 Der sel. Wolfhelm

Mystiker und Baumeister

Seine Grabstelle liegt ein bisschen unter und ein bisschen über der Bodenplatte der Kirche. Ein Hochgrab, das aber auch in die Tiefe geht. Schlicht und schmucklos, ohne jede Inschrift oder irgendeinen Hinweis auf den, dessen Gebeine hier für die Ewigkeit geborgen sind. Diese Schwebelage spiegelt den kirchlichen Werdegang des in Köln geborenen seligen Wolfhelm (1020–1091) wider, des dritten Abtes des Benediktinerklosters Brauweiler, eines Mannes zwischen »Himmel und Erde« mit immenser theologischer Wirkung. Tiefgläubig, aber streitlustig, wenn es um die Prinzipien der Kirche in Glaubensfragen ging. Wolfhelm bezog engagiert Stellung gegen alle weltlichen »Verirrungen« der Geistlichkeit und gerierte sich in Glaubensfragen kompromisslos.

Er kämpfte auch für die Rechte und die Souveränität der Klöster gegenüber den Erzbischöfen von Köln. Ein intellektueller Geistlicher aus adeligem Stand, der zahlreiche bedeutende Schriften verfasste und der, bevor er nach Brauweiler berufen wurde, sein Rüstzeug an wichtigen Stationen im Rheinland erworben hatte. Sein Mentor war kein Geringerer als Anno II., der einflussreiche Erzbischof von Köln, der den in der Kölner Domschule ausgebildeten Wolfhelm nach klösterlichen Leitungsfunktionen in St. Maximin zu Trier, St. Pantaleon in Köln sowie den Klöstern Gladbach und Siegburg förderte und schließlich 1065 als Abt nach Brauweiler entließ, wo er durch eine rege Bautätigkeit von Kirchen und Klöstern auffiel und sich als Mystiker, der Wundersames verrichten konnte, einen Namen machte.

Christus erschien Wolfhelm immer wieder, »täglich wirkte er das Wunder der Wesensverwandlung«, konnte voraussehen, hatte den Ruf, die göttliche Kraft in Wort und Schrift mitzuteilen. Ihm sollen viele Wunder geschehen sein, er galt als *der* Mystiker unter den 51 Äbten Brauweilers, wo er nach seinem Tod 1091 in der Abteikirche beigesetzt wurde.

Adresse St. Nikolaus und St. Medardus, Ehrenfriedstraße 19, 50295 Pulheim-Brauweiler, Tel. 02234/82248 | Anfahrt A 1, Ausfahrt Bocklemünd, Richtung Pulheim, weiter über B 59 und L 183 nach Brauweiler | Öffnungszeiten Di–Fr 10–17 Uhr, Sa 9–12 und 14–18.30 Uhr, So 14–19 Uhr | Gedenktag 22. April | Tipp Die ehemalige Benediktinerabtei und spätere »Arbeitsanstalt« Brauweiler wurde in der Nazizeit zum Gestapogefängnis umfunktioniert. An die Terror-Opfer erinnert die »Gedenkstätte Brauweiler« im Keller des ehemaligen »Frauenhauses«.

22 Die hl. Anna

Der Kopf der Großmutter Jesu in Düren

Düren hat am Ende des Zweiten Weltkrieges und kurz vor der Befreiung Nazideutschlands durch die Amerikaner unter den alliierten Bomben besonders gelitten. Aus den Trümmern der am 16. November 1944 völlig zerstörten gotischen Vorgängerkirche, des »Doms von Düren«, entstand nach dem Krieg an gleicher Stelle die Annakirche des Architekten Rudolf Schwarz, die 1956 geweiht wurde. In die neue Annakirche, den fünften Kirchenbau seit dem Jahr 700, als das Dürener Land christianisiert wurde, konnten einige Kostbarkeiten, die vor der Zerstörung der Dürener Innenstadt ausgelagert worden waren, hinübergerettet werden. Vor allem das Renaissance-Chorgestühl aus der Mitte des 16. Jahrhunderts, der neugotische Taufstein, der Klöppel der alten Annaglocke und der Original-Wetterhahn sowie eine Rekonstruktion aus Bruchstücken des einstigen Portals.

Kernstück der Rettung vor den Bomben aber war der berühmte Annaschrein mit dem angeblichen Haupt der Anna beziehungsweise einem Stück ihres Schädels. Der Steinmetz Leonard aus Kornelimünster war es, der 1501 in einer Nacht-und-Nebel-Aktion das Haupt der Mutter Mariä von Mainz nach Düren entführte. Nach einem heftigen Rechtsstreit zwischen den beiden Städten sprach Papst Julius II. schließlich ein Machtwort. Das Annahaupt, im Gefolge der Kreuzzüge an den Rhein gelangt, durfte in Düren verbleiben und machte die einstige Pfalzstadt Karls des Großen zu einem lukrativen Wallfahrtsort. Bis zum Jahr 1510 sollen 20.000 Pilger die Stadt besucht haben.

Schon im Altertum war die Verehrung der Mutter Mariä groß, grenzenlos wurde der Annenkult im ausgehenden Mittelalter. Es entstanden Hunderte von Anna-Kapellen, -Kirchen und viele Wallfahrtsorte. Berge und Brunnen (»Anna-Wasser«) wurden nach ihr benannt. Düren besaß mit dem Anna-Reliquiar eines der Highlights. 1584 bestimmte Papst Gregor XIII. den 26. Juli zum »Annentag«.

Adresse St. Anna, Ahrweilerplatz 11, 52349 Düren, Tel. 02421/388980 | **Anfahrt** A 4, Ausfahrt Düren, B 56 folgen, Schoellerstraße bis Ahrweilerplatz | **Öffnungszeiten** Mo – Fr 9.30 – 11.30 Uhr, Sa, So geschlossen | **Patronat** gegen Gewitter, der Mütter und der Ehe, der Bergleute | **Gedenktag** 26. Juli; jährliche Anna-Oktav im Sommer | **Tipp** Legendär: die seit Jahrhunderten stattfindende jährliche Dürener Annakirmes.

23 Der hl. Apollinaris

Der Stadtpatron und der Streit mit Remagen

Immer wurde zwischen Remagen und Düsseldorf um den heiligen Apollinaris gestritten. Die Reliquien des um 150 nach Christus in der heutigen Türkei geborenen ersten Bischofs von Ravenna, der um das Jahr 200 sein Martyrium erlitt, gelangten 1392 nicht ganz freiwillig nach Düsseldorf in die 100 Jahre zuvor dem heiligen Lambertus, dem Bischof von Maastricht aus dem 7. Jahrhundert, geweihte Stiftskirche. Die Gebeine des heiligen Apollinaris wurden vom Herzog Wilhelm von Jülich und Berg (1360–1408) im Zuge einer heftigen Fehde mit dem Bischof von Köln und dem Abt von Siegburg als Siegesbeute geraubt und in die aufstrebende Residenzstadt Düsseldorf, die damit auch zu einem weiteren religiösen Zentrum am Rhein werden sollte, gebracht.

Denn man wusste um die Anziehungskraft attraktiver Reliquien, setzte zunehmend auf Pilger und Wallfahrten und das damit verbundene einträgliche Geschäft. Aber nach Düsseldorf gelangte nicht der ganze Apollinaris, der Kopf des Heiligen wurde vom Rest der Gebeine getrennt und von Einheimischen versteckt und verblieb so auf dem Apollinarisberg in Remagen.

Düsseldorf vereinnahmte »seinen« Apollinaris auf der ganzen Linie. Der Heilige wurde schon 1394 zum Schutzpatron der Stadt, Düsseldorf zum Wallfahrtsort. Die erste Düsseldorfer Reliquienprozession gab es 1392. Und dann griffen die Düsseldorfer erneut zu: Als Ende des 18. Jahrhunderts die Franzosen auf Remagen vorrückten und die Schließung von Propstei und Kirche drohte, wurde die kostbare Kopfreliquie in Sicherheit gebracht, versteckt und landete dann doch durch allerhand Tricksereien in Düsseldorf, in der Lambertus-Basilika. Lange Verhandlungen waren nach dem Abzug der Franzosen vonnöten und ein Machtwort des Kölner Erzbischofs, bis der Düsseldorfer Klerus das »Heilige Haupt« endlich wieder herausrückte und es 1857 an Remagen zurückgab.

Adresse St. Lambertus, Stiftsplatz 7, 40213 Düsseldorf, Tel. 0211/132326 | **Anfahrt** U70–76, Haltestelle Heinrich-Heine-Allee | **Öffnungszeiten** Mo, Mi, Do 9–12 Uhr, Di, Fr 15–17 Uhr | **Attribute** Ähren, Keule, Kreuz | **Patronat** von Remagen und Düsseldorf; gegen Gallen- und Nierensteine, Gicht, Geschlechtskrankheiten und Fallsucht | **Gedenktag** 20. Juli | **Tipp** Es lohnt ein Besuch der Schatzkammer der Basilika St. Lambertus neben der Sakristei.

24 Der hl. Willeicus

Zwei Heilige in einem Schrein

Der um 670 geborene Benediktinermönch Willeicus, oder auch Willaik, war ursprünglich Kanoniker im niederländischen Utrecht, bevor er den heiligen Suitbertus kennenlernte und in dessen 695 neu gegründetes Kloster auf der kleinen Rheininsel Kaiserswerth bei Düsseldorf eintrat. Von hier aus christianisierte der englische Missionsbischof Suitbertus den gesamten Niederrhein. Beide Mönche, ähnlich in Ausrichtung und Charakter, wurden enge Freunde und legten schon zu Lebzeiten fest, dass sie nach ihrem Tod auf ewig beisammenbleiben wollten. So sollte es auch kommen.

Als Willeicus nach dem Tod von Suitbertus 713 dessen Nachfolger im damals noch Suitbertuswerth genannten Benediktinerstift Kaiserswerth wurde – zu dieser Zeit war die Kirche noch dem heiligen Petrus geweiht –, setzte er die Arbeit seines Mentors unvermindert fort. Der Wunsch der beiden Kirchenmänner war es gewesen, dass sie nach ihrem Ableben in einem gemeinsamen Schrein auf ewig verbunden blieben. Als Willeicus 725 starb, wurden seine Gebeine ebenfalls im Suitbertusschrein, einem der bedeutendsten Reliquienschreine des mittelalterlichen Rheinlandes, beigesetzt. Zwei Heilige in einem Schrein. Nicht ganz. Willeicus gilt zwar als Heiliger, wurde aber von der Kirche nie offiziell kanonisiert, also heiliggesprochen.

Da es nach Düsseldorfer Lesart der heilige Willeicus war, der das Christentum von Kaiserswerth nach Düsseldorf gebracht hatte, veranlasste der Kölner Erzbischof 1393, den Sarg zu öffnen, einen Teil des Schädels zu entnehmen und nach St. Lambertus in die Düsseldorfer Altstadt zu überführen, wo die Kopfreliquie des zweites Abtes von Kaiserswerth seither in einem eigenen Schrein im Hochaltar der Kirche ruht und verehrt wird. In der jährlichen großen Prozession zu Ehren des heiligen Apollinaris durch die Düsseldorfer Straßen ist auch immer der Willeicusschrein dabei.

Adresse St. Lambertus, Stiftsplatz 7, 40213 Düsseldorf, Tel. 0211/132326 | **Anfahrt** U70–76, Haltestelle Heinrich-Heine-Allee | **Öffnungszeiten** Mo, Mi, Do 9–12 Uhr, Di, Fr 15–17 Uhr | **Darstellung** in bischöflichen Gewändern mit Stab, Buch und Kirchenmodell | **Gedenktag** 7. März | **Tipp** Das Hauptportal von St. Lambertus aus den frühen 1960er Jahren stammt vom Bildhauer Ewald Mataré.

25 Der hl. Hippolytus

Nach über 1.000 Jahren zurück in Gerresheim

Der heilige Hippolytus war vermutlich ein Kirchengelehrter und Priester, der aber auch als der erste »Gegenpapst« der katholischen Kirche agiert hat. Eine andere Lesart macht ihn zum Kerkermeister des heiligen Laurentius. Nachdem dieser ihn zum Glauben bekehrt hatte, erlitt Hippolytus den Märtyrertod, von Pferden zu Tode geschleift. Die Gerresheimer Lesart ist die erste.

Danach war der um 170 in Kleinasien geborene Hippolytus ein Schüler des heiligen Irenäus und avancierte zu einem der einflussreichsten Kleriker Roms und bedeutendsten Verfasser kirchenpolitischer Schriften. Er geriet in Konflikt mit dem römischen Bischof Callistus I., kritisierte seine Auslegungen der christlichen Lehre und kirchlichen Disziplin und wurde schließlich von seinen Anhängern zum ersten »Gegenpapst« gewählt. Dieses »Amt« führte er über zwei weitere »reguläre« Pontifikate aus, bis er schließlich im Strudel einsetzender Christenverfolgungen unter Kaiser Maximinus Thrax ebenso wie der offizielle Papst Pontianus 235 nach Sardinien verbannt wurde. Beide Päpste starben dort, inzwischen versöhnt, infolge unmenschlicher Zwangsarbeit und wurden 236 in Rom beigesetzt.

Ende des 9. Jahrhunderts gelangte ein Teil der begehrten Gebeine des heiligen Hippolytus in das Damenstift Gerresheim, eines der ältesten Klöster der Erzdiözese Köln, ein »Reliquien-Triumph«, der aber nur kurz anhielt. Denn schon 919 wurde das Stift von kriegerischen Ungarn überfallen und verwüstet, die Nonnen flohen nach St. Ursula in Köln. Im Gepäck: die kostbare Hippolytus-Reliquie. Als das Gerresheimer Stift wiedererrichtet und vom Kölner Erzbischof Gero geweiht wurde, die Stiftsdamen also zurückkehren konnten, blieb der Reliquienschatz in Köln. Über 1.000 Jahre. Erst 1953 gelangte der goldene Schrein nach Gerresheim zurück und gehört heute zu den wertvollsten Schätzen der 1236 geweihten Basilika.

Adresse Basilika St. Margareta, Gerricusplatz 6, 40625 Düsseldorf-Gerresheim, Tel. 0211/289330 | **Anfahrt** über Grafenberger Allee und B 7 bis Sonnbornstraße; U73 von Düsseldorf Hauptbahnhof, Haltestelle Gerresheim Rathaus | **Öffnungszeiten** Mo–Sa 10–12 und 14–18 Uhr, So 14–18 Uhr | **Attribute** als römischer Soldat mit Lanze, Schwert und Schild | **Patronat** der Gefängniswärter, der Pferde, gegen Körperschwäche | **Gedenktag** 13. August | **Tipp** Der Gerricus-Sarkophag auf einer hochgotischen Tumba ist die Grablege des fränkischen Edelmanns Gerrich, der um 870 das Kloster Gerresheim für Damen des Hochadels stiftete.

26 Der hl. Suitbert

Als Kaiserswerth noch Insel war

Es war das erste Benediktinerkloster der Erzdiözese Köln, auf einer kleinen Rheininsel gelegen. Gegründet wurde es um das Jahr 700 vom englischen Missionsbischof Suitbertus, der sich mit seinen Gefährten vor den Sachsen hierher flüchtete und Schutz beim fränkischen Hausmeier Pippin von Heristal fand. Bis heute ist die 1050 mit spätromanischen und gotischen Elementen versehene dreischiffige Pfeilerbasilika St. Suitbertus, als Stiftskirche von Suitbertswerth errichtet, ein Kleinod am Nordrand Düsseldorfs.

Bedeutendster Schatz der 1237 in ihrer heutigen Form weitgehend fertiggestellten und geweihten Kirche ist der Suitbertusschrein, einer der kostbarsten rheinischen Reliquienschreine des 12. und 13. Jahrhunderts, der als Prunkstück der rheinischen Goldschmiedekunst des Mittelalters in einer Reihe mit dem Schrein der Heiligen Drei Könige im Kölner Dom oder dem Anno-Schrein in Siegburg steht. 1264 waren die Gebeine des im englischen Nottingham geborenen heiligen Suitbertus (um 660–713) und die seines Nachfolgers in Kaiserswerth Willeicus (um 670–726) in die Stiftskirche an den Rhein überführt worden, wo Suitbertus am Ort seines Wirkens beigesetzt wurde. Suitbertus, erster Abt seines Klosters, der 803 von Papst Leo III. heiliggesprochen wurde, stieg zum Patron der Kirche auf. Ein regelrechter Wallfahrtsboom nach Kaiserswerth setzte ein, und bis heute gibt es die regelmäßigen Suitbertus-Feierlichkeiten im September eines jeden Jahres.

Der angelsächsische Missionsbischof, der erst in Friesland und dann in Sachsen wirkte und der als »Apostel des Bergischen Landes« maßgeblich die Christianisierung an Lippe, Ruhr und am rechten Niederrhein vorangetrieben hatte, hatte mit dem Bau der ersten Kirche und der Missionsstation in Kaiserswerth eine christliche Bastion errichtet, die mit Benediktinern, Zisterziensern, Kanonikern und Jesuiten über 1.000 Jahre Bestand hatte, bis zur Säkularisation 1803.

Adresse St. Suitbertus, Stiftsgasse 3, 40489 Düsseldorf-Kaiserswerth, Tel. 0211/401191 | **Anfahrt** aus Düsseldorf über B 8; U79 von Düsseldorf Hauptbahnhof, Haltestelle Klemensplatz | **Öffnungszeiten** täglich 9–18 Uhr | **Attribute** als Bischof mit Stab und Stern | **Patronat** von Kaiserswerth; gegen Halsschmerzen | **Gedenktag** 1. März | **Tipp** Sehenswert ist das außen an St. Suitbertus angebrachte Epitaph des Bildhauers Bert Gerresheim. Es zeigt eindrucksvoll den in Kaiserswerth geborenen Jesuiten Friedrich Spee (1591–1635), den berühmten Kritiker der Hexenprozesse.

27_Der hl. Altfrid

Der umtriebige Gründerbischof

Der auf dem Gebiet Essens um 800 geborene adelige Altfrid von Hildesheim, wie er in der Ahnengalerie der Heiligen genannt wird, hätte auch der »von Essen« sein können. Denn er war es, der um 850, kurz bevor er Bischof von Hildesheim wurde, auf dem Grund und Boden seiner Familie an der damals bedeutenden Handelsstraße Hellweg ein Kanonissenstift für adelige Damen errichtete, um das herum eine Siedlung entstand, die 1244 mit den Stadtrechten ausgestattet wurde. Im Zentrum des Stifts, dessen erste Äbtissin Altfrids Schwester Gerswind wurde und das seinen wirtschaftlichen und geistlichen Höhepunkt im 10. und 11. Jahrhundert unter den legendären Äbtissinnen Mathilde und Theophanu erlebte, stand immer die Stiftskirche, die sich im Laufe der Jahrhunderte zum mächtigen »Essener Münster« entwickelte und bis heute das Zentrum der Stadt markiert. Bis zur Auflösung des Stifts 1803 im Zuge der Säkularisation beeinflusste das Frauenstift rund 1.000 Jahre lang die Geschichte und Geschicke Essens.

Klösterlich theologisch erzogen, wurde Altfrid bereits 829 Leiter der Klosterschule der Benediktinerabtei Corvey. Er gründete zahlreiche bedeutende Abteien wie das Stift Gandersheim und Kirchen wie 852 den Hildesheimer Mariendom. Dazu mischte er als einflussreicher Ratgeber des ostfränkischen Königs Ludwigs des Deutschen auch in der Reichspolitik mit. Altfrid wurde nach seinem Tod 874 in seiner Geburtsstadt Essen beigesetzt. Die Reliquien ruhen seit 1300 in einem steinernen Hochgrab in der nach ihm benannten Ostkrypta des Doms.

Zu seinem 1.100. Todestag, dem 15. August 1974, entstand ein neuer, reich verzierter goldener Schrein, in den die Gebeine des 1965 von Papst Paul VI. heiliggesprochenen Altfrid gelegt wurden. Seither werden sie jedes Jahr für zwei Tage im Dom gezeigt. Eine Statue des Heiligen steht neben dem Eingang zur Domschatzkammer auf dem Burgplatz.

Adresse Essener Münster, Burgplatz 2, 45127 Essen, Tel. 0201/2204206 | **Anfahrt** A 40, Ausfahrt Essen-Zentrum, Innenstadt (Parkhäuser), vom Hauptbahnhof oder Rathaus circa 10 Minuten durch Kettwiger Straße zum Burgplatz | **Öffnungszeiten** Mo – Fr 6.30 – 18.30 Uhr, Sa, So 9 – 19.30 Uhr; Domschatz: Di – So 11 – 17 Uhr | **Attribute** als Bischof mit Stab, mit Modell des Essener Münsters | **Gedenktag** 15. August | **Tipp** Außerhalb des Essener Doms lohnt am Rande des Burgplatzes ein Blick auf die riesige farbige Plastik, die Kardinal Franz Hengsbach zeigt, der 1958 der erste Ruhrbischof des neu gegründeten Bistums Essen wurde.

28 Der hl. Cosmas

… und der hl. Damian: Zwillinge als Stadtpatrone

Unter der Ägide des römischen Kaisers Diokletian wurden die beiden Zwillingsbrüder Cosmas und Damian Anfang des 4. Jahrhunderts im Zuge der Christenverfolgung mit dem Schwert enthauptet, erlitten für ihren Glauben das Martyrium. Die beiden aus Kilikien in Kleinasien, dem Süden der heutigen Türkei, stammenden Ärzte aus vornehmem arabischen Geschlecht ließen sich bis zuletzt auch unter größten Qualen nicht von ihrem Glauben abbringen. Sie begründeten ihre weitverbreitete Heilkunst, die sie unentgeltlich verrichteten (»Heilige Geldverächter«), immer mit der Hilfe und dem Namen Gottes und bekehrten auf diese Weise viele Blinde und Lahme, die plötzlich wieder sehen und gehen konnten, zum christlichen Glauben. Für ihre Unbeirrbarkeit bis hin zum Martyrium sprach sie die katholische Kirche heilig.

Der Gründer des 852 errichteten adeligen Damenstifts, Bischof Altfrid von Hildesheim, war es, der von einer Romreise die Reliquien der heiligen Ärzte nach Essen mitbrachte und sie der gerade geweihten Stiftskirche, aus der um das Jahr 1000 das Essener Münster hervorging, zum Geschenk machte. Schnell setzte die Begeisterung für die beiden frühchristlichen Märtyrer ein, sie wurden Schutzherren des Frauenstifts, Patrone der Münsterkirche und schließlich der Stadt Essen.

Man begegnet den Heiligen in Essen nicht nur in Figuren und auf Bildern im Münster und im Domschatz, wo ihre Reliquien und das goldene Richtschwert, mit dem die beiden angeblich enthauptet wurden, zu sehen sind, sondern auch anderorts in der Stadt. Symbolhaft sind die beiden Skulpturen der Essener Stadtpatrone an der Fassade des neuen Rathauses, die der Bildhauer Heinrich Kröger 1987 für das 1965 abgerissene neugotische Rathaus der Stadt Essen geschaffen hat. Daneben sieht man das Stadtwappen mit dem Richtschwert. 1041 fand zu Ehren der Heiligen in Essen erstmals ein Jahrmarkt statt.

Adresse Essener Münster, Burgplatz 2, 45127 Essen, Tel. 0201/2204206 | **Anfahrt** A 40, Ausfahrt Essen-Zentrum, Innenstadt (Parkhäuser), vom Hauptbahnhof oder Rathaus circa 10 Minuten durch Kettwiger Straße zum Burgplatz | **Öffnungszeiten** Mo–Fr 6.30–18.30 Uhr, Sa, So 9–19.30 Uhr; Domschatz: Di–So 11–17 Uhr | **Attribute** Arzneigefäße, Salbentopf, Äskulapstab | **Patronat** von Essen; der Ärzte und Apotheker | **Gedenktag** 26. Januar | **Tipp** Die Essener Domschatzkammer hält viele Kostbarkeiten bereit und ist ein Muss.

29 Der hl. Marsus

Bartlos und mit Lockenkopf

Diesem Heiligen, der im frühen Mittelalter in Essen hochverehrt wurde, begegnet man eigentlich nur noch im Essener Domschatz. Zum einen in einem Glaszylinder, versehen mit einem verzierten Knochen, in einem 1643 geschaffenen Reliquiar rechts von den Heiligen Cosmas und Damian und als beeindruckendes Kopfreliquiar aus dem 15. Jahrhundert. Diese um 1470 von einem unbekannten Künstler vermutlich in Köln gefertigte Reliquienbüste, gedacht für die Schädeldecke des Heiligen, aus Silber getrieben und teilvergoldet, besetzt mit Perlen, Steinen und Korallen, beeindruckt durch eine klare Struktur und den fein herausgearbeiteten Marsus als Priester, gut aussehend, bartlos und mit Lockenkopf.

Einen Teil der Marsus-Reliquien soll der Gründer des Frauenstifts Essen, der Hildesheimer Bischof Altfrid, aus dem französischen Auxerre nach Essen transferiert haben. Hier befand sich das Grab des römischen Missionars, der überwiegend in Gallien die Menschen zum Glauben bringen wollte. Auch er soll immer wieder verfolgt und malträtiert worden sein. Um das Jahr 1000 erhielt das reichsweit angesehene Essener Damenstift auf Initiative Kaiser Ottos III. und des Bischofs von Auxerre hin auch noch den Kopf und die Brust des Heiligen aus Lyon. Grund genug für die damalige Äbtissin Mathilde (971–1011), einen goldenen, mit Edelsteinen besetzten Schrein in Auftrag zu geben, der seinesgleichen suchte, aber im Zuge der französischen Besatzung und der Säkularisation 1802 eingeschmolzen wurde.

Die »Perlen« des 850 gegründeten und nahezu 1.000 Jahre bestehenden Essener Frauenstifts sind heute im Essener Domschatz zu sehen, aber auch im Münster selbst. Herausragend sind im linken Seitenschiff des Münsters die 980 geschaffene Goldene Madonna, das angeblich älteste plastische Bildwerk Marias mit dem Kind weltweit, oder der um das Jahr 1000 entstandene siebenarmige Leuchter.

Adresse Essener Münster, Burgplatz 2, 45127 Essen, Tel. 0201/2204206 | **Anfahrt** A 40, Ausfahrt Essen-Zentrum, Innenstadt (Parkhäuser), vom Hauptbahnhof oder Rathaus circa 10 Minuten durch Kettwiger Straße zum Burgplatz | **Öffnungszeiten** Mo–Fr 6.30–18.30 Uhr, Sa, So 9–19.30 Uhr; Domschatz: Di–So 11–17 Uhr | **Gedenktag** 4. Oktober | **Tipp** Die dem Essener Münster unmittelbar vorgelagerte Kirche St. Johann Baptist, einst Johanneskapelle des Essener Damenstifts, aus dem 10. Jahrhundert lohnt einen Besuch.

30 Der hl. Liudger

Friesenmission und Unterwerfung der Westsachsen

Der 742 geborene, aus einem friesischen Adelsgeschlecht stammende heilige Liudger war es, der 799 die ehemalige Benediktinerabtei Werden an der Ruhr, die heute zur Stadt Essen gehört, gründete, eines der wichtigsten religiösen, kulturellen und auch wirtschaftlichen Zentren des Mittelalters. Das Ende dieser prosperierenden, rund 1.000 Jahre wirkenden Abtei kam erst im Zuge der Säkularisation 1803.

Der 809 auf einer Pastoralreise im westfälischen Billerbeck verstorbene Liudger wurde auf eigenen Wunsch in der Abtei beerdigt. Rasch begann die Verehrung Liudgers, strömten die Menschen zum Grab des Heiligen. Zahlreiche Wunder wurden ihm zugeschrieben: So soll er weite Landstriche von einer die Ernten bedrohenden Gänseplage befreit, sprudelnde Quellen aufgetan und viele Menschen von ihren Leiden geheilt haben.

Die Vita Liudgers, der 777 in Köln zum Priester geweiht wurde, liest sich wie ein Feldzug für den Glauben. Nach der Eroberung Frieslands wirkte er als Missionar, baute Kirchen und Klöster, etablierte in heidnischen Gebieten die katholische Vorherrschaft. Im Gefolge des fränkischen Königs Karls des Großen wurde er nach der Niederschlagung der Sachsen und ihres Anführers Widukind 792 Leiter aller Missionen Ostfrieslands und des westlichen Sachsens. Missionsstützpunkt war das heutige Münster. Gewaltfrei und friedlich soll er die Menschen vom rechten Glauben überzeugt haben. Er gründete, nachdem er an der Ruhr systematisch Land erworben hatte, die Abtei Essen-Werden, um von hier aus auch die letzten heidnischen Gebiete zu missionieren. 805 wurde der »Apostel der Friesen und Sachsen« zum ersten Bischof von Münster geweiht. Die in der Krypta der spätromanischen, 1275 vollendeten Abteikirche ruhenden Reliquien des heiligen Liudger befinden sich heute in einem 1984 vom Künstler Gernot Rumpf geschaffenen bronzenen Sarkophag in Form der Basilika.

Adresse Basilika St. Ludgerus, Brückstraße 77, 45239 Essen-Werden, Tel. 0201/490050 | **Anfahrt** A 3, Ausfahrt Kreuz Breitscheid, A 52 Ausfahrt Essen-Kettwig, Schuirweg und Ruhrtalstraße bis Brückstraße/B 224; S 6, Haltestelle Essen-Werden | **Öffnungszeiten** Basilika: täglich 9–18 Uhr; Schatzkammer St. Ludgerus: Di–So 10–12 und 15–17 Uhr | **Attribute** Wildgänse, als Bischof mit Kirchenmodell | **Patronat** von Essen und Münster; Apostel der Friesen und Sachsen | **Gedenktag** 26. März; seit 1128 Prozession durch Werden mit Gebeinen Liudgers am ersten Sonntag im September | **Tipp** Die Werdener Schatzkammer sollte man unbedingt besuchen. Bedeutend: das Werdener Kreuz, eines der ältesten erhaltenen Bronzekruzifixe, und der mit einer Inschrift versehene goldene Kelch des Liudger von 788.

31 Die hl. Genoveva

Legende und Liebesdrama

Diese Kirche ist ein Kleinod, liegt weitab der Straße inmitten von Feldern und Äckern, in der Pellenz, der Hügellandschaft zwischen Mayen und Andernach, und ist eines der ältesten Gotteshäuser der Eifel. Und es ist untrennbar verbunden mit der Geschichte der »Genoveva von Brabant«. Wobei die Genoveva von Fraukirch historisch nichts gemein hat mit der »Genoveva von Paris«, der Schutzheiligen der französischen Hauptstadt.

Die um 730 geborene Genoveva, Tochter des Herzogs von Brabant, war verehelicht mit dem Pfalzgrafen Siegfried von Mayen. Als dieser im Gefolge König Karl Martells in den Krieg gegen die Araber zog, machte Siegfrieds Vertrauter und Statthalter Golo der schwangeren Genoveva Avancen, die diese brüsk zurückwies. Der gekränkte Golo bezichtigte Genoveva nach der Rückkehr Siegfrieds des Ehebruchs. Das war das Todesurteil. Kurz vor ihrer Hinrichtung konnte Genoveva in die Ardennen entkommen, wo sie in einer Höhle Zuflucht fand und ihren Sohn, den sie Schmerzenzreich nannte und den sie fünf Jahre lang mit der Milch einer Hirschkuh großzog, gebar. Als Siegfried dem Ränkespiel Golos auf die Schliche kam, ließ er ihn vierteilen. Während einer Jagd, die Hirschkuh verfolgend, stieß er auf die Höhle und nahm seine Gemahlin reumütig wieder bei sich auf. Unter dem Jubel der Menschen und lautem Glockengeläut kehrte Genoveva in die Pfalz zurück.

Zum Dank errichtete Siegfried die Kirche, die in ihrer heutigen Form aus dem 13. Jahrhundert stammt. Genoveva, die von der katholischen Kirche nie kanonisiert wurde, avancierte für die Wallfahrer zur Volksheiligen. 1667 entstand das farbenprächtige Altarbild aus Tuffstein, das die Genoveva-Sage dreidimensional und plastisch als Bildergeschichte darstellt und in der Eifel als einzigartig gilt. Und dann gibt es noch das »Golo-Kreuz«, das einst außerhalb der Kirche stand, dort, wo der Vertraute Siegfrieds der Sage nach hingerichtet worden sein soll.

Adresse Wallfahrtskirche Fraukirch, Fraukircher Weg, 56743 Thür | **Anfahrt** aus Richtung Köln / Bonn über A 1 und A 61, in Mendig auf L 120, nach 2 Kilometern rechter Hand | **Öffnungszeiten** täglich 9 – 18 Uhr; Infos über Förderverein Marienbruderschaft Fraukirch, Wolfgang Zäck, Tel. 02651/2530 | **Attribute** Hirsch | **Gedenktag** 2. April | **Tipp** Der Gasthof Fraukirch gleich neben der Wallfahrtskirche lädt zur Einkehr ein (Di – Sa 15 – 22 Uhr, So ab 11 Uhr und nach telefonischer Vereinbarung, Tel. 02652/3987).

32 Der hl. Hubertus

Halali und Waidmannsheil!

Die »Strecke« wird verblasen. Schützengilden und Forstleute sind »ihrem« Patron ganz nahe in der St.-Hubertus-Kapelle im Eifeldörfchen Birresdorf, vor dem Altar dieser 1671 dem heiligen Hubertus geweihten Kapelle und einem Stück ungewöhnlicher Bauernmalerei. Auf einem 2,50 Meter breiten Balken oberhalb des Allerheiligsten aus dem 18. Jahrhundert erstreckt sich die Darstellung der Hubertusjagd als Schlüsselszene der Legende des Heiligen.

Da habe der um 655 im französischen Toulouse aus adeligem Geschlecht geborene spätere Bischof von Maastricht und Lüttich, selbst ein begeisterter Jäger, an einem Karfreitag auf einer Lichtung in den Ardennen einen mächtigen Hirsch gesehen, der zwischen den Enden seines Geweihs ein leuchtendes Kruzifix trug. Fortan lebte Hubertus als Einsiedler in den Ardennen, ließ sich zum Priester weihen und wirkte als »Glaubensbote« im Kampf gegen das Heidentum. Die Gebeine des 727 verstorbenen Hubertus kamen 825 in das Ardennenkloster Andage (heute Saint-Hubert). An seinem Sarg sollen sich viele Wunder ereignet haben, vor allem die Heilung der Menschen von der Tollwut.

Und dann ist da die Geschichte der Kapelle: Jahrelang buhlte der Bankier Hermann Josef Abs darum, diese bei den Menschen beliebte Wallfahrtskapelle der jagdaffinen Eifel in Besitz zu nehmen. Auf seinen nahen Landsitz sollte sie transferiert werden als Grabeskirche für sich und seine Frau. Das Bistum Trier schob diesem Ansinnen einen Riegel vor. Dann verkam die Kapelle, stand immer wieder vor dem Abriss. 1977 schien das Ende der Kapelle besiegelt. Die Erweiterung der Umgehungsstraße war das Gebot. Verkehrsplanerisch hieß das: Tabula rasa. Rettung kam in letzter Minute, ein Nachbargrundstück wurde frei. Das 9,50 mal 2,65 Meter kleine Kirchlein wurde 1982 kurzerhand »verschoben«, um knapp 20 Meter in den Hubertusweg hinein, leicht verdreht, weg von der Straße.

Adresse St.-Hubertus-Kapelle, Hubertusweg, 53501 Grafschaft-Birresdorf | **Anfahrt** A 55 und A 56 von Köln über Bonn nach Grafschaft, über Oevericher Straße beziehungsweise A 61 und L 79 in die Landskroner Straße nach Birresdorf | **Öffnungszeiten** unregelmäßig, Küsterin erreichbar unter Tel. 0177/2851203 | **Attribute** als Bischof mit Hirsch und Hunden, als Jäger mit Jagdhorn | **Patronat** der Jäger, Forstleute und Schützengilden; bei Tollwut und Irrsinn | **Gedenktag** 3. November | **Tipp** An der Außenwand der Kapelle ist eine Gedenktafel für den Birresdorfer Jesuiten Eduard Profittlich angebracht, der als Apostolischer Ministrator für Estland 1942 im Stadtgefängnis Kirow starb und als Märtyrer gilt. Sein Seligsprechungsverfahren läuft.

33 Der hl. Martin von Tours

»Laterne, Laterne …«

Einer der populärsten Heiligen im Rheinland ist Martin von Tours, besser bekannt als »Sankt Martin«. Jedes Kind kennt diesen Heiligen, der vom Pferd herab seinen wertvollen purpurnen Mantel mit einem halb nackten, frierenden Bettler teilte. Und Zehntausende Kinder ziehen am 11. November, dem Namenstag des Heiligen, von Haus zu Haus. Mit bunten Laternen, Martinslieder singend. Und während der Umzüge der Kinder freuen sich die Eltern vielfach schon auf die bevorstehende »Martinsgans«. Rituale, die es seit Urzeiten gibt.

Der 316 geborene Martin, Legionär der römischen Armee in Gallien, hatte mit 18 Jahren sein Schlüsselerlebnis. Als er am Stadttor von Amiens, nördlich von Paris, seinen Soldatenmantel mit einem Bettler teilte, erschien ihm Jesus. Da ließ er sich taufen. Er lebte als Einsiedler, initiierte Klöster, wurde 371 Bischof im westfranzösischen Tours und gründete »sein« Kloster Marmoutier, das zum Zentrum der Missionierung der heidnischen Gebiete Galliens wurde. Als sich Martin seiner Bischofswahl entziehen wollte und sich in einer Höhle versteckte, sollen ihn schnatternde Gänse verraten haben. Martin von Tours wurden viele Wunderheilungen zugeschrieben, eine schlichte Lebensart, stete Güte und Nächstenliebe. Er war der erste Nicht-Märtyrer, der in die römische Liturgie aufgenommen wurde.

Kein Wunder, dass es auch im Rheinland unzählige dem Heiligen geweihte Kirchen gibt. Aber welche dieser Kirchen kann schon eine Reliquie des heiligen Martin, dessen Gebeine in der Kathedrale von Tours ruhen, ihr Eigen nennen? Die 1833 erbaute St.-Martinus-Kirche im kleinen Wevelinghoven, einem Ortsteil von Grevenbroich, besitzt einen Knochensplitter des 397 verstorbenen Bischofs von Tours. 1937 wurde der Kirche das wertvolle Stück vom damaligen Kölner Kardinal Karl Joseph Schulte geschenkt, heute wird es zu festlichen Anlässen in einem kleinen Holzschrein den Gläubigen gezeigt.

Adresse St.-Martinus-Kirche, Unterstraße 139, 41516 Grevenbroich-Wevelinghoven, Tel. 02181/74535 | **Anfahrt** von Köln A 57, Ausfahrt Dormagen, Richtung Wevelinghoven; von Düsseldorf B 1 und A 46 | **Öffnungszeiten** Mo–Fr 9–12 Uhr, Mo, Di, Do 15–18 Uhr, Sa, So geschlossen | **Darstellung** als römischer Reiter, der seinen Mantel teilt, als Bischof mit Schwert; mit Gans | **Patronat** der Soldaten, Schneider; der Gänsezucht | **Gedenktag** 11. November; Martinsumzüge, Martinsritt | **Tipp** Sehenswert ist das alte Pastoratshaus von 1653.

34 Der sel. David

Ein Priestermönch der ersten Stunde

Der heilige Bernhard von Clairvaux (um 1090–1153), der Gründer des Zisterzienserordens, war es, der den um 1100 im italienischen Florenz geborenen David 1134 gemeinsam mit weiteren Mönchen zur Gründung der Abtei Himmerod in der Eifel ins Trierer Land beorderte. Himmerod wurde das 14. Tochterkloster von Clairvaux und das erste auf deutschem Boden, von dem verbürgt ist, dass es der Kirchenlehrer und Kreuzzugsprediger Bernhard in einer frühen Bauphase höchstpersönlich besucht hat.

David war Bernhard schon in Clairvaux aufgefallen, vor allem die dem jungen Geistlichen innewohnende mystische Begabung. Dem Florentiner wurden immer wieder Wundertaten nachgesagt. Er konnte durch das Gebet Kranke und Besessene heilen und vor allem Mütter durch schwerste Geburten führen. Schon rasch nach seinem Tod am 11. Dezember 1179 und der Beisetzung in der Himmeroder Klosterkirche begann seine Verehrung. Scheinbar unfruchtbare Frauen beteten an seinem Grab um Kindersegen. Schnell wurde David zum Volksheiligen. 1699 erfolgte die Seligsprechung Davids durch das Generalkapitel des Ordens, die 1971 durch Rom noch einmal bestätigt wurde.

Mit der Säkularisation der Abtei 1802 durch die Franzosen, der völligen Zerstörung des Klosters und der im 18. Jahrhundert neu entstandenen größten rheinischen Barockkirche geriet auch David, dessen Gebeine nach Trier und dann nach Belgien gebracht worden waren, in Vergessenheit. 1930 kehrten sie in die acht Jahre zuvor neu gegründete Abtei Himmerod zurück. Und damit rückte auch David wieder in das Bewusstsein der Menschen, seine neuerliche Verehrung begann. Heute ruhen seine Reliquien in einem edlen Schrein unter der Altarmensa der »Davidkapelle« in der zwischen 1952 und 1960 wiedererbauten »alten« barocken Abteikirche. Und neuerlich wallfahren Frauen, die sich Kinder wünschen, an Davids Grab. Zahlreiche Votiv- und Dankestafeln sind beredtes Zeugnis.

Adresse Abtei Himmerod, Abteistraße 3, 54534 Großlittgen, Tel. 06575/95130 | Anfahrt von Köln über die A1 und B51; Bahn bis Wittlich Hauptbahnhof, Bus bis Himmerod | Öffnungszeiten Pforte: Di–Sa 14.30–17 Uhr, Klosterführungen nur nach Vereinbarung unter Tel. 06575/951380 | Patronat der Mütter und Schwangeren; gegen Unfruchtbarkeit | Gedenktag 11. Dezember; Davids-Segen | Tipp Die versteckt liegende Klosteranlage mit der grandiosen Barockkirche lohnt einen Besuch. 2017 wurde der nur noch aus fünf Mönchen bestehende Zisterzienserkonvent Himmerod aufgelöst.

35 Die sel. Christina

Wundmale an Haupt, Händen und Füßen

Ohne den »Codex Juliacensis« des seit 1266 an der Dominikanerschule des Albertus Magnus in Köln studierenden schwedischen Paters Petrus von Dacien (1235–1298) hätte die Geschichte der Christina von Stommeln nie für solches Aufsehen gesorgt. Er, der die Mysterien und Wunder der Kirche erforschte und heute als der erste namentlich bekannte Schriftsteller Schwedens gilt, hatte von den ekstatischen Anwandlungen der jungen Christina, die immer wieder als Angriffe des Teufels gegen ihre Gottgläubigkeit gedeutet wurden, gehört, ihre Nähe gesucht, sich mit ihr angefreundet und sie über ein Dutzend Mal in Stommeln getroffen.

Der aus einer wohlhabenden Bauernfamilie in Stommeln bei Köln stammenden Christina Bruso (1242–1312) soll schon im Alter von zehn Jahren Jesus erschienen sein, der ihr auftrug, ihm ihr ganzes Leben zu widmen. Mit 13 Jahren ging das Kind gegen den Willen der Eltern zu den Beginen nach Köln, dem weltoffenen Zusammenschluss von Nonnen ohne Gelübde. Immer wieder sollen sich bei dem jungen Mädchen im Angesicht des Kreuzes die Wundmale Christi an Händen und Füßen gezeigt haben, die Spuren der Dornenkrone an der Stirn. Nach zahlreichen Ekstasen und mystischen Anwandlungen, die als Gottesbeweis gedeutet wurden, schickten die irritierten Kölner Beginen Christina 1259 zurück nach Stommeln, wo sie in Armut und Bescheidenheit, wie es überliefert wurde, lebte und schließlich 70-jährig starb. Immer wieder soll die schon zu Lebzeiten verehrte Begine Wunder an Kranken und Bedürftigen vollbracht haben, an ihrem Grab auch über den Tod hinaus.

Ihre Gebeine wurden 1342 gehoben, über lange Zeit in Nideggen verehrt und schließlich 1586 in die Stiftskirche nach Jülich überführt, wo der Sarkophag der 1908 durch Papst Pius X. seliggesprochenen Christina in einer eigenen Kapelle steht. Bis heute kommen Pilger in der Hoffnung auf Hilfe für ihre Leiden.

Adresse Propsteikirche St. Mariä Himmelfahrt, Stiftsherrenstraße 15, 52428 Jülich, Tel. 02461/9958091 | **Anfahrt** von Köln über A 57 und A 4 | **Öffnungszeiten** Mo – Sa 8 – 18 Uhr, So und Feiertage 10 – 18 Uhr | **Gedenktag** 6. November; Christina-Oktav immer Anfang Nov., jährliche Christinakirmes | **Tipp** Es lohnt eine Besichtigung der 1545 erbauten Jülicher Zitadelle, eine der ältesten nördlich der Alpen. Auf dem Jülicher Kirchplatz sticht der Marienbrunnen mit der Mariensäule der chilenischen Bildhauerin María Jesús Ortiz de Fernandez heraus.

36 Die hl. Maria

Muttergottes am Niederrhein

Eigentlich war es ein schlichtes Heiligenhäuschen, schließlich wurde es zu einer spektakulären Kapelle, die im Rheinland ihresgleichen sucht und nur mit denen in Lourdes und Altötting verglichen werden kann: die Gnadenkapelle von Kevelaer. In ihr dominiert in einem Silberrahmen das kleine, eher schlichte Gnadenbild »Consolatrix Afflictorum« (»Trösterin der Betrübten«), das die Muttergottes mit dem Kind zeigt und seit Jahrhunderten Anziehungspunkt nie geahnter Pilgerströme ist.

Alles ging ganz schnell, nachdem der Kaufmann Hendrick Busman aus dem nahen Geldern 1642 seine Vision hatte. Auf dem Weg von Weeze nach Geldern vernahm er an der Kreuzung der alten Handelsstraße von Köln nach Amsterdam, etwa am heutigen Kapellenplatz, dreimal den geheimnisvollen Ruf: »An dieser Stelle sollst du mir ein Kapellchen bauen!« Als seiner Frau Ähnliches widerfuhr, schritten die Busmans zur Tat. Mit ungeahnten Folgen. Sie bauten ihr Heiligenhäuschen und setzten in den Bildstock das zuvor von einem Soldaten erworbene Luxemburger Gnadenbild ein, einen 7,5 mal elf Zentimeter messenden schwarz-weißen Kupferstich, der eine Madonnenfigur mit weit ausgebreitetem Mantel zeigt.

Und wie aus heiterem Himmel versammelten sich die Menschen, geschunden durch den Dreißigjährigen Krieg und die wütende Pest. Der Zustrom riss nicht ab. Kevelaer wurde in kurzer Zeit zum Wallfahrtsort. 1645 eröffnete mit der Kerzenkapelle die erste Wallfahrtskirche am Platz. Und 1654 wurde zum Schutz des Bildstocks über dem Heiligenhäuschen ein sechseckiger Kuppelbau errichtet, der so angelegt war, dass die Gläubigen durch eine freie Fensteröffnung auch von außen das bis heute unveränderte »Gnadenbild« sehen und der Jungfrau Maria mit dem Kind ganz nahekommen konnten. Jährlich pilgern rund eine Million Menschen in das niederrheinische Städtchen, einen der wichtigsten Marienwallfahrtsorte Europas.

Adresse Gnadenkapelle, Kapellenplatz, 47623 Kevelaer, Tel. 02832/93380 | Anfahrt A 57 aus Köln / Düsseldorf / Ruhrgebiet, Ausfahrt Sonsbeck / Xanten / Kevelaer, Richtung Winnekendonk / Kevelaer; Bahn: RE 10 zwischen Kleve und Düsseldorf, Haltestelle Kevelaer; diverse Buslinien | Öffnungszeiten täglich 6.30 – 18 Uhr | Attribute mit Kind, auf Mondsichel, auf Weltkugel, mit Sternenkranz, Rosenkranz | Patronat der katholischen Kirche, der Christenheit | Gedenktag 1. Januar | Tipp Unbedingt anschauen sollte man sich auch die Mitte des 19. Jahrhunderts erbaute Marienbasilika am Kapellenplatz.

37 Der hl. Lubentius

Schwurhand und Silberarm

Die Reliquien des heiligen Lubentius, der Sarg und eine Kopfreliquie, liegen seit Mitte des 9. Jahrhunderts in der ehemaligen Stiftskirche St. Lubentius in Dietkirchen an der Lahn. Dietkirchen war einst neben Karden an der Mosel Sitz eines Archidiakons im Erzbistum Trier. Da Lubentius auch entlang des Flusses Nahe missioniert hatte, erhielt die dortige Kirche den Sarg und eine Kopfreliquie. In der Pfarrkirche von Kobern, dem eigentlichen Wirkungsort des Heiligen, wo er 370 verstarb und wo sein Grab war, trifft man heute auf ein Armreliquiar des Heiligen, einen Teil seines rechten Unterarms. Schwurhand und Arm, aus Silber getrieben und teilweise vergoldet, stammen vermutlich aus dem 15. Jahrhundert und zählen zum Kirchenschatz von St. Lubentius.

Grundlage der Geschichte des Heiligen ist die um 760 entstandene »Vita Maximin«. Danach erhielt Lubentius, um 300 in Aquitanien geboren und zum Freundeskreis der Heiligen Paulinus und Castor von Karden gehörend, seine Ausbildung beim heiligen Martin von Tours. Um 340 wurde er vom Trierer Bischof Maximin zum Priester geweiht und als Seelsorger und Missionar nach Kobern entsandt. Dort verbrachte er den längsten Teil seines Lebens, hier predigte er das Christentum entlang der Mosel, dort, wo trotz römischer Hoheit noch germanische »Heidenkulte« an der Tagesordnung waren.

Die als Saalbau mit Kassettendecke errichtete und mit einem Dachreiter versehene Kirche St. Lubentius wurde 1828 anstelle der alten, einsturzgefährdeten und schließlich niedergelegten romanischen Pfarrkirche gebaut. Das Geläut ertönt von drei Glocken des auf einer Anhöhe stehenden, 1150 erbauten romanischen Glockenturms. Im Fenster über dem Hauptportal ist der heilige Lubentius zu sehen. Das 1836 entstandene Altarbild des Koblenzer Kirchenmalers Joseph Settegast (1813–1890) zeigt den Heiligen predigend am Moselufer, gestützt auf ein gestürztes Götzenbild.

Adresse St. Lubentius, Burgstraße 2, 56330 Kobern-Gondorf, Tel. 02607/972106 | **Anfahrt** aus Köln A 61, aus Bonn A 565 und A 61, Ausfahrt Plaidt, Richtung Plaidt/Ochtendung, auf L 117 bis Mühlengraben in Kobern-Gondorf | **Öffnungszeiten** täglich 9–17 Uhr | **Darstellung** in Messkleidung mit Kelch und Buch | **Patronat** der Lahnschiffer | **Gedenktag** 13. Oktober | **Tipp** Es lohnt ein Abstecher in die hochmittelalterliche Benediktinerabtei Maria Laach.

38 Der hl. Kastor

Vom Einsiedler zum Patron von Koblenz

Der heilige Kastor, der im 4. Jahrhundert lebte (genaue Daten gibt es nicht), stammte aus Aquitanien, einer römischen Provinz im heutigen Südfrankreich. Kastor machte sich in jungen Jahren auf nach Trier, der einstigen Metropole und Kaiserstadt der römischen Provinz, war Schüler und dann enger Vertrauter des Trierer Bischofs Maximin, ebenfalls ein Aquitaner, der ihn auch zum Priester weihte.

Der Hektik des lebendigen »Augusta Treverorum«, wie Trier damals hieß, überdrüssig, nahm Kastor die Offerte Maximins an, an die untere Mosel zu ziehen, um die dort teilweise noch heidnische Bevölkerung zu missionieren. Kastor siedelte sich im winzigen Cardana an, dem heutigen Karden, aber nicht in einer festen Behausung, sondern in einer Höhle. Er scharte einige Gefährten um sich, gründete hier die erste christliche Gemeinde an der Untermosel und lebte über Jahrzehnte dort als Eremit und Einsiedler in tiefer Abgeschiedenheit und Gottesfürchtigkeit. Aber dem seltsamen »Heiligen« wurden schon zu dieser Zeit immer wieder Wunder und mystische Erscheinungen nachgesagt. Sein Ruf als Heilsbringer verfestigte sich entlang der Mosel. Um 400 soll er hochbetagt gestorben sein.

780 schließlich war es der Trierer Bischof Wiomad, der das vermeintliche Grab Kastors in Karden fand, es erheben und die meisten Reliquien in die St.-Paulinus-Kirche nach Trier überführen ließ. Auch in Karden führten die gefundenen Reliquien zu einem Wallfahrtsrausch. Heute ist St. Castor in Karden (»Moseldom«) die bedeutendste Kirche an der Mosel zwischen Koblenz und Trier. 836 ließ Erzbischof Hetti von Trier die Gebeine Kastors nach Koblenz in die von ihm erbaute, Kastor geweihte Stiftskirche überführen, aus der im 11./12. Jahrhundert der heutige Bau mit seiner Doppelturmfassade hervorging. 1991 wurde die Kastorkirche durch Papst Johannes Paul II. zur »Basilica minor« erhoben.

Adresse St. Kastor, Kastorhof 4, 56068 Koblenz, Tel. 0261/36722 | **Anfahrt** A 3 oder A 61 nach Koblenz, über Hohenfelder Straße, Burgstraße und Am Alten Hospital bis Kastorhof; nahe am Deutschen Eck (Parkplatz) | **Öffnungszeiten** täglich 9–18 Uhr | **Darstellung** Priester mit Schiff | **Patronat** von Koblenz und Karden | **Gedenktag** 13. Februar | **Tipp** Es lohnt ein Besuch der romanischen Koblenzer Liebfrauenkirche, deren Anfänge bis ins 5. Jahrhundert reichen. In nachkarolingischer Zeit entstand daraus die dreischiffige Kirche.

39 Die sel. Rizza

Vielleicht sogar des Kaisers Tochter

Neben ihrem Namensgeber weist die mächtige Kastorkirche eine Selige aus, die man nur in Koblenz kennt und die nur hier verehrt wird: die selige Rizza. Viel weiß man von ihr nicht. Spekuliert wird, sie sei die Tochter Kaiser Ludwigs des Frommen, des Sohnes von Karl dem Großen, gewesen. Einen Beweis dafür gibt es nicht. Es ranken sich zahlreiche Legenden um Rizza. So soll sie Wunder vollbracht haben: Eine von Kindheit an gelähmte Frau konnte durch die Gebete Rizzas angeblich wieder gehen, ein blindes Kind sehen. Als gesichert gilt, dass Rizza, wenn sie auch nicht des Kaisers Tochter war, auf jeden Fall aus adeligem Geschlecht stammte, äußerst betucht war und einen erheblichen Teil ihres Reichtums der Kastorkirche hinterlassen hat.

Die im Auftrag Ludwigs des Frommen gebaute und 836 durch den Trierer Erzbischof Hetti geweihte Stiftskirche des ehemaligen trierischen St.-Kastor-Stifts war schon 843 Unterzeichnungsort des Vertrages von Verdun, in dem das fränkische Reich der Karolinger unter den Söhnen Ludwigs des Frommen in drei Gebiete aufgeteilt wurde. Immer war die im 12. Jahrhundert zu einer dreischiffigen Pfeilerbasilika ausgebaute Kirche das kulturelle und religiöse Zentrum von Koblenz.

Bereits 1265 soll die Stadt Koblenz in Rom um die Heiligsprechung Rizzas gebeten haben. Zehn Jahre später veranlasste der Papst die »ehrenvolle« Bestattung der Seligen in St. Kastor. Im linken nördlichen Seitenschiff befindet sich seit 1894 der »neue« Rizza-Schrein. In seiner linken Lade verbirgt sich die Schädeldecke Rizzas, rechts ein Teil des Hauptes Kastors. In der Mitte des von einem Mönch aus Maria Laach kolorierten Schreins sieht man die selige Rizza, wie sie der Legende nach über den Rhein wandelt. An der Südwand des Querschiffes trifft man sie erneut: Da flankiert sie mit Kastor, Maria und Josef die zwölf Apostel auf 16 wertvollen Tafelbildern aus dem 15. Jahrhundert.

Adresse St. Kastor, Kastorhof 4, 56068 Koblenz, Tel. 0261/36722 | **Anfahrt** A 3 oder A 61 nach Koblenz, über Hohenfelder Straße, Burgstraße und Am Alten Hospital bis Kastorhof; nahe am Deutschen Eck (Parkplatz) | **Öffnungszeiten** täglich 9–18 Uhr | **Gedenktag** 30. August | **Tipp** Sehenswert: die Ruine der spätgotischen Kapelle des Deutschen Ordens von 1355 und die Reste der alten, 1802 zerstörten Abtei. Alles gut beschildert mit detaillierten Zeittafeln.

40 Der sel. Adolph Kolping

Gründer des Kölner Gesellenvereins

Das Denkmal Adolph Kolpings steht auf dem Gelände des ehemaligen Klostergartens der Minoritenkirche, die bis zur Säkularisation 1802 Stiftskirche der Franziskaner war und ihre Abtei dort hatte, wo sich das angrenzende Museum für angewandte Kunst befindet. Die Minoritenkirche (»St. Mariä Empfängnis«) war die Hauskirche Adolph Kolpings (1813–1865). Hier wurde der 1813 in Kerpen als Sohn eines Kleinbauern geborene Adolph, der als Schuhmachergeselle nach Köln kam, schließlich das Gymnasium besuchte und Theologie studierte, 1845 zum Priester geweiht.

Der Grundstein seines Lebenswerkes aber wurde in Wuppertal gelegt, wo er anfänglich als Kaplan an der Elberfelder Laurentiuskirche wirkte. Hier engagierte er sich im gerade gegründeten »Katholischen Gesellenverein« und wurde zum Motor der katholischen Sozialbewegung des 19. Jahrhunderts, der katholischen Soziallehre und zum Begründer des international tätigen Kolpingwerkes. In der Textilhochburg Elberfeld wurde Kolping mit den gesellschaftlichen Verwerfungen der beginnenden Industrialisierung konfrontiert, mit tiefer Armut, Ausbeutung und zunehmender Verelendung vor allem junger Männer. Die Gesellenvereine wollten den wandernden Gesellen Stütze, Zufluchtsstätte und »Familie« sein – verbunden mit religiöser, politischer und fachlicher Bildung.

Aus der Gründung des Kölner Gesellenvereins 1849, dessen Präses der in die Domstadt zurückgekehrte Kolping wurde, entwickelte sich bis zu seinem Tod 1865 ein internationales Netzwerk von 400 »Gesellenvereinen« mit 25.000 Mitgliedern. Die Minoritenkirche war auch Vereinskirche. Kolping hatte sich zudem als Publizist einen Namen gemacht. 1854 erschien mit den »Rheinischen Volksblättern« seine eigene, äußerst erfolgreiche Wochenzeitung. 1991 wurde Kolping von Papst Johannes Paul II. seliggesprochen. Sein Hochgrab steht in der Minoritenkirche.

Adresse Minoritenkirche St. Mariä Empfängnis, Kolpingplatz 1, 50667 Köln, Tel. 0221/2576646 | **Anfahrt** U3, U4, U5, U16, U18, Haltestellen Dom/Hauptbahnhof oder Appellhofplatz | **Öffnungszeiten** täglich 8–18 Uhr | **Gedenktag** 4. Dezember | **Tipp** In Kolpings Geburtsstadt Kerpen gibt es ein »Kolpingmuseum«.

41 Der hl. Agilolphus

Der Meuchelmord und die komische Verwechslung

Eigentlich sollte der heilige Bonifatius die Bischofsstelle in Köln übernehmen. Schließlich wurde auf Geheiß des fränkischen Königs 745 dessen theologischer Gefolgsmann Agilolphus Bischof, mit dem er später an der Reichssynode von 747 teilnahm. Agilolphus kam als Abt aus dem vom heiligen Remaclus, dem Bischof von Lüttich, 650 gegründeten Benediktinerkloster Stablo-Malmedy nach Köln. Als Agilolphus 752 starb, bestattete man ihn in der Abtei Malmedy. 1062 schließlich wurden seine Gebeine auf Wunsch des Kölner Erzbischofs Anno in einer großen Prozession in die von ihm gestiftete Kirche Maria ad Gradus übertragen. Von dort gelangte der Heilige nach der Säkularisation und dem Abbruch der Kirche 1817 in den Kölner Dom. Dort ruht er in einem imposanten goldenen Schrein seitlich des prächtigen, um 1520 entstandenen Agilolphus-Altars der Antwerpener Schule.

Dann die Überraschung: Alles eine Verwechselung? Schon Ende des 11. Jahrhunderts war das Gerücht aufgekommen, es handle sich bei dem Toten im Sarg nicht um den Erzbischof, sondern um einen anderen Prediger gleichen Namens, der schon 716 in der Nähe der Abtei Malmedy von Räubern erschlagen worden sei. Und es seien dessen Gebeine, die 1062 nach Köln übertragen und dem heiligen Agilolphus zugesprochen wurden.

Vielleicht war alles der grenzenlosen Eitelkeit Annos geschuldet, in Maria ad Gradus möglichst »prominente« Reliquien zu versammeln. So ließ er die Gebeine der seligen Königin Richeza gegen ihren ausdrücklichen Willen, in der Abtei Brauweiler beerdigt zu werden, in Mariengraden bestatten. Und so setzte er auch alles daran, den Kölner Erzbischof aus Malmedy heimzuholen. Und ließ wahrscheinlich fünfe grade sein. Und dann noch das: Ein namhafter Ritter soll nach dem Tod des Agilolphus behauptet haben, dessen Heiligkeit sei so unwahrscheinlich, wie des Ritters Falke singen könne. Der erklang daraufhin in den wunderbarsten Tönen.

Adresse Dom zu Köln, Domkloster 4, 50667 Köln, Tel. 0221/17940555 | **Anfahrt** U5, U16, U18, Haltestellen Dom/Hauptbahnhof und Breslauer Platz | **Öffnungszeiten** Mai–Okt. 6–21 Uhr, Nov.–April 6–19.30 Uhr, So und Feiertage 13–16.30 Uhr | **Attribute** Falke, Buch und Schwert | **Gedenktag** 9. Juli | **Tipp** Es gibt auch eine Statue des heiligen Agilolphus am Kölner Rathausturm, die ihn mit einem Falken in der Hand zeigt.

42 Der hl. Albertus Magnus

Wissenschaftler und Kirchenlehrer

Der Universalgelehrte Albertus Magnus (1193–1280) gilt als Begründer von Wissenschaft und Lehre in Köln. 1248 wurde Albertus Magnus, der in Paris dozierte, wo auch Thomas von Aquin zu seinen Studenten zählte, an das Generalkapitel des Dominikanerklosters Heilig Kreuz nach Köln berufen, in dem er schon während seiner Ausbildung zum Priester geweiht worden war. Er übernahm die Leitung des »Studium Generale« der neu gegründeten Ordenshochschule, die schnell eine der wissenschaftlich exponiertesten Einrichtungen werden sollte und aus der sich 1388 die Universität zu Köln als vierte Universität des Heiligen Römischen Reiches entwickelte. Albertus Magnus war eine der großen theologischen Kapazitäten seiner Zeit (herausragend: die Analyse der aristotelischen Schriften) bei gleichzeitig hoher Lehrqualifikation in naturwissenschaftlichen Fächern wie Medizin, Biologie und Astronomie. Der »Doctor universalis« war aber noch viel mehr: Diplomat, Streitschlichter und Vermittler bei innerkirchlichen Disputen, aber auch bei Auseinandersetzungen zwischen klerikalen und staatlichen Institutionen.

Albertus Magnus, der auch zahlreiche richtungsweisende theologische Schriften verfasste und ein umfangreiches wissenschaftliches Werk von zeitloser Bedeutung hinterlassen hat, orientierte sich in Habitus und Auftreten zeitlebens an der Philosophie des Bettelordens. Nach seinem Tod 1280 wurde er in der Dominikanerkirche beigesetzt, die aber infolge der Säkularisation 1802 ebenso wie das Chorherrenstift aufgelöst wurde. Die Reliquien und das Hochgrab des 1622 von Papst Gregor XV. selig- und schließlich 1931 von Papst Pius XI. heiliggesprochenen Kirchenlehrers wurden in die nahe St. Andreas-Kirche, die seit 1947 neuerlich Klosterkirche der Dominikaner ist, überführt. In der Krypta ruhen seine Gebeine in einem römischen Sarkophag.

Adresse St. Andreas, Komödienstraße 6–8, 50667 Köln, Tel. 0221/160660 | **Anfahrt** U5, U12, U14, U16, U18, Haltestelle Dom / Hauptbahnhof; Bus 132, Haltestelle Andreaskloster | **Öffnungszeiten** Mo–Fr 7.30–18 Uhr, Sa, So 8–18 Uhr | **Patronat** der Theologen, Philosophen, Naturwissenschaftler | **Gedenktag** 15. November | **Tipp** Sehenswert in St. Andreas: die Reliquienbüsten der beiden Heiligen Simon und Judas Thaddäus aus dem 14. beziehungsweise 17. Jahrhundert aus der abgerissenen Kirche des Dominikanerklosters. Auf dem Albertus-Magnus-Platz vor der Universität zu Köln steht ein 2004 entstandenes Denkmal des Gelehrten, geschaffen vom Bildhauer Gerhard Marcks.

43 Der hl. Albinus

Der aufklappbare Schrein

Für die Pilger, dic nach St. Pantaleon zogen, waren die Schritte zum prunkvoll verzierten Albinusschrein immer besonders aufregend. In ihm ruhen bis heute die Gebeine des Heiligen in einem kastenförmigen Sarg aus Eichenholz. Die Längsseite des Schreins lässt sich durch das Herabklappen der Außenwand seitlich öffnen. Hinter einem feingliedrigen Gitter im Rautenmuster kam der Pilger dem Heiligen so nah, dass er nicht nur die Gebeine des Albinus sehen, sondern gleichzeitig auf den goldenen Reliefbildern das Martyrium des Heiligen nacherleben konnte. Hier sind seine christliche Unterweisung, seine Taufe, das Verhör, die Geißelung und schließlich die Enthauptung dargestellt. Diese Leidensgeschichte korrespondiert mit dem Christuszyklus: Geburt, Kreuzigung, Auferstehung und Himmelfahrt.

Vom heiligen Albinus von Köln (nicht zu verwechseln mit dem heiligen Albinus von Mainz) weiß man nicht viel. Angeblich handelt es sich bei ihm um Alban (Albin) aus England, der als römischer Legionär und Soldat für seinen Glauben um 303 gemartert und enthauptet wurde und als erster Märtyrer Englands gilt. Als Beweis diente die Grabaufschrift »Beatus Albanus Protomartyr Anglorum«.

Seine Reliquien gelangten nach Rom, wo sie Kaiserin Theophanu, die byzantinische Prinzessin und Gemahlin Ottos II., erwarb. Diesen Schatz machte sie 984 St. Pantaleon zum für die Kirche wichtigsten Geschenk, eine Übertragung, die bis heute in ihrer Nachhaltigkeit nichts eingebüßt hat. Theophanu wurde ebenso wie Erzbischof Bruno, der 964 das Benediktinerkloster gegründet hatte, in St. Pantaleon beigesetzt. Der 1186 in der berühmten Goldschmiedewerkstatt des Klosters entstandene Schrein galt im Hochmittelalter als Attraktion und als Erzeugnis der hohen Kölner Kunst der Reliquienschrein-Manufaktur.

Adresse St. Pantaleon, Am Pantaleonsberg 8, 50676 Köln, Tel. 0221/316655 | Anfahrt U3, U4, U16, U18, Haltestelle Poststraße | Öffnungszeiten Mo–Sa 9–17 Uhr, So 12–17 Uhr | Attribute als Krieger mit dem Schwert in der linken, den Kopf in der rechten Hand | Gedenktag 22. Juni | Tipp In der neu gestalteten Südkapelle lohnt ein Blick auf das moderne farbige »Taufbild«, ein Werk des Künstlers Thomas Jessen.

44 Die hl. Antonia

... und ihre sechs Gefährtinnen

Diese Kirche läuft in Köln irgendwie unter dem Radar. Und den meisten Bewohnern dürfte sie erst so richtig ins Bewusstsein gerückt sein, als sich 2004 ihr 44 Meter hoher Turm, nach Kriegszerstörungen Anfang der 1960er Jahre aus rotem Backstein errichtet, plötzlich um 77 Zentimeter in westlicher Richtung neigte. Was wie ein Mysterium aus »heiterem Himmel« schien, stellte sich schnell als menschlich verursacht heraus. Grund: der U-Bahn-Bau in 15 Metern Tiefe. Ein Vorbote dessen, was fünf Jahre später nur wenige 100 Meter entfernt mit dem Einsturz des Kölner Stadtarchivs apokalyptische Ausmaße annehmen sollte.

Der »schiefe Turm von Köln« (2005 wieder begradigt) von St. Johann Baptist steht als äußeres Zeichen einer der ältesten Kirchen der Stadt, die 948 erstmals genannt und seit 1080 als Pfarrkirche in Funktion war. Umgeht man die Kirche hin zur Spielmannsgasse, entdeckt man noch Teile des im Bombenhagel des Krieges unzerstört gebliebenen Seiten- und Mittelschiffes. Im Innern lässt sich erahnen, was diese Kirche einmal ausgezeichnet hat.

St. Johann Baptist birgt bis heute die Überreste einer über die Jahrhunderte »geretteten« Heiligen, einer legendären freilich, in einem goldenen Schrein, kunstvoll beleuchtet im Choraltar der Kirche hinter einem schmiedeeisernen Gitter: die Reliquien der heiligen Antonia und ihrer sechs Gefährtinnen. Dahinter sind auf einem Wandbrett noch einmal sieben Büsten-Reliquiare aufgereiht, als Garde sozusagen.

Die Hunnen sollen es gewesen sein, die Antonia und ihre Gruppe, zu der auch die heilige Cordula gehörte, allesamt Gefährtinnen der heiligen Ursula, im Jahr 304 ihres Glaubens wegen hingerichtet und gemartert haben. Der um 1350 entstandene Schrein zeigt Antonia an der Stirnseite als Schutzmantelheilige, gekrönt und mit langem Kleid, wie sie ihre Gefährtinnen, kindergroß, unter einem Mantel behütet.

Adresse St. Johann Baptist, Severinstraße 189, 50678 Köln, Tel. 0221/9318420 | **Anfahrt** U3, U4, U17, Bus 106, 132, Haltestelle Severinstraße | **Öffnungszeiten** unregelmäßig, Infos im Pfarrbüro unter Tel. 0221/9318420 | **Gedenktag** 21. Oktober | **Tipp** Sehenswert ist das Taufbecken aus Messing von 1566. An der Brüstung zur Severinsbrücke steht segnend der heilige Severin, 1964 von Elmar Hillebrand geschaffen.

45 Der hl. Ätherius

Der Bräutigam der heiligen Ursula

Es ist schon etwas gewagt, ernsthaft zu behaupten, der goldene Schrein auf dem Hochaltar im Chor der St.-Ursula-Kirche beinhalte die Reliquien des heiligen Ätherius, der als Bräutigam der heiligen Ursula gilt und als solcher über die Jahrhunderte rechts vom Altarkreuz an der Seite seiner legendären Gattin verehrt wurde, seit sein Grab 1156 auf dem sogenannten Ursulaacker gefunden wurde. Aber der Glaube versetzt Berge, und so ist die Wahrheit zweitrangig. Ohne Frage handelt es sich beim Ätheriusschrein um ausgeklügelte Goldschmiedearbeit aus der Zeit von 1160 bis 1180, für die Köln so berühmt war. Der truhenförmige Schrein hat ein goldverziertes Dach, während die einstmals zwölf Apostelfiguren an den Seiten im Laufe der Jahrhunderte verloren gingen.

Eigentlich weiß man über diesen Kölner Heiligen aus dem 4. Jahrhundert, der wohl wie seine Gemahlin am Rhein das Martyrium erlitt, nicht viel. Die arrangierte Ehe der aus der Bretagne stammenden adeligen Jungfrau Ursula mit dem Sohn des heidnischen englischen Königs kam, so die Legende, unter der Bedingung zustande, das sich Ätherius taufen ließ und mit Ursula und ihren Gefährtinnen auf Pilgerreise nach Rom ging. In Köln war Endstation. Doch der Nimbus des Ursula-Gatten brachte Ätherius posthum viel Ruhm ein und ließ auch an seinem Schrein die Pilgerströme vorbeiziehen.

Den Höhepunkt der Kölner Reliquienverehrung bildete die 1643 vom kaiserlichen Reichshofrat Johann von Crane gestiftete Goldene Kammer. Einem Tresorraum gleich betritt man dieses einem Kubus ähnliche Reliquiar. Eine Schreckenskammer tiefer barocker Frömmigkeit. 120 kostbare Reliquienbüsten aus Holz und Silber, vom Hochmittelalter bis ins 17. Jahrhundert, stehen dort in offenen Schränken und Nischen. Auf einem Altar thront eine 1643 gefertigte Büste der heiligen Ursula, angeblich gefüllt mit ihren Reliquien.

Adresse St. Ursula, Ursulaplatz 24, 50668 Köln, Tel. 0221/7880750 | **Anfahrt** U5, U16, U18, Haltestelle Dom / Hauptbahnhof | **Öffnungszeiten** Kirche und Goldene Kammer: Di – Sa 10 – 12 und 15 – 17 Uhr, So 15 – 17 Uhr | **Tipp** 1659 stiftete Johann von Crane auch die barocke Verkleidung für das Grab der heiligen Ursula. Sehenswert ist die sogenannte Schutzmantelfigur der Heiligen von 1465 des spätgotischen Bildhauers Tilman van der Burch.

46 Die hl. Brigida

Patronin der Viehzucht

Von der einstigen Pfarrkirche St. Brigiden, die stets im Schatten der mächtigen romanischen Kirche Groß St. Martin stand, an die sie direkt angrenzte und mit der sie sich Mitte des 12. Jahrhunderts einen Teil der Südwand teilte, ist nach ihrem Abriss 1802 heute nur noch ein Mauerrest des alten Turms in der Nische zu sehen, in der die heilige Brigida ihrer Verehrer harrt. In dieser innerhalb Groß St. Martins errichteten Brigidenkapelle erwartet den Besucher die Heilige in Form einer barocken Holzskulptur aus dem 17. Jahrhundert hinter einem 200 Jahre alten Fußbodenmosaik, das die biblische Geschichte der »sieben fetten Kühe« darstellt – als Hinweis auf das Patronat der Heiligen, das ihre Popularität hierzulande ausmachte.

Brigida von Kildare war eine 454 adelig geborene irische Äbtissin, die bereits als 14-jähriges Mädchen mit ihrem »heidnischen« Elternhaus brach und Nonne wurde. Der heilige Patrick soll sie getauft haben. 470 gründete sie in Kildare ein Doppelkloster, das zu einem der berühmtesten in Irland werden sollte und dem viele weitere Gründungen unter ihrer Regie folgten, obwohl sie bis zu ihrem Tod 523 die Leitung in Kildare innehatte. Schon zu Lebzeiten wurden ihr viele Wundertaten nachgesagt. Vor allem soll sie im bäuerlichen Milieu der Insel immer wieder Haustiere geheilt haben, und so wurde sie schließlich zur »Schutzheiligen des Viehs«. Zeichen ihrer Heiligkeit sollen sich schon in jungen Jahren zugetragen haben, da häufig dort, wo sie zugegen war, helle Feuerflammen über ihrem Haupt erschienen.

In Irland gehört Brigida von Kildare neben den Heiligen Patrick und Kolumban zu den Schutzpatronen des Landes und erfährt eine unvermindert hohe Verehrung. Das galt über Jahrhunderte auch für Deutschland, wo zahlreiche ihr geweihte Kirchen entstanden und bis heute vielerorts Prozessionen und Wallfahrten zu ihren Ehren stattfinden.

Adresse Groß St. Martin, An Groß St. Martin, 50667 Köln | **Anfahrt** U5, Haltestellen Heumarkt oder Rathaus | **Öffnungszeiten** Di–Sa 9.30–19.30 Uhr, So 12–19.15 Uhr, Mo geschlossen | **Attribute** mit Enten und Gänsen, mit Kuh, als Magd, mit Feuerflamme | **Patronat** von Irland und Kildare; der Kühe, des Viehs, gegen Unglück und Verfolgung | **Gedenktag** 1. Februar | **Tipp** Die Umrisse der einstigen Pfarrkirche St. Brigiden sind im Untergrund vor und neben Groß St. Martin durch in den Boden eingelassene dunkle Pflastersteine erkennbar.

47 Der hl. Bruno

Des Kaisers Sohn wird Erzbischof

Bruno (häufig auch Brun genannt) verkörperte als Erzbischof und Reichsfürst wie keiner seiner Nachfolger die geistliche und weltliche Macht gleichermaßen. Erst legte der 925 geborene jüngste Sohn des deutschen Königs Heinrich I. von Sachsen und der heiligen Mathilde von Ringelheim, ein Bruder des späteren Kaisers Ottos I., trotz Ausbildung an der Utrechter Domschule eine brillante weltliche Karriere hin: Kanzler, Berater am Königshof, Herzog von Lothringen. Der 950 zum Priester geweihte Bruno wurde 953, mit 28 Jahren, Erzbischof von Köln und blieb dies bis an sein Lebensende 965. Gemeinsam mit dem Erzbischof von Mainz stand Bruno, stets zutiefst fromm, vier Jahre als Erzkanzler an der Spitze des Reiches, als Vertreter Ottos I., der sich im Krieg in Italien befand und 962 schließlich Kaiser des Heiligen Römischen Reiches wurde. Bruno verkörperte die Reichs- und Kirchenpolitik seines Bruders.

Bruno (nicht zu verwechseln mit dem 1032 in Köln geborenen heiligen Bruno, dem Gründer und Stifter des Kartäuserordens) gründete zahlreiche Klöster und Kirchen und versuchte trotz aller weltlicher Macht, immer ein Leben »wie ein Mönch« zu führen. Auf sein Konto gehen die Stiftskirchen Groß St. Martin, St. Andreas und St. Maria im Kapitol. Und 964 die Benediktinerabtei von St. Pantaleon, wo er nach seinem frühen Tod 965, und das war sein erklärter Wunsch, in einem Grabmal aus Stuckmarmor am Hochaltar beigesetzt wurde.

Heute trifft man linker Hand des Hochaltars auf den Stifter, der schon kurz nach seinem Tod von den Kölnern als Heiliger verehrt wurde. Offiziell von Rom heiliggesprochen wurde er 1870. In der Lesart des Erzbistums verkörperte Bruno, der die Kölner Kirche zu nie gekannter Größe geführt hatte, aber auch für einschneidende Klosterreformen im Sinne des strengen benediktinischen Regelwerks stand, das »Heilige Köln« wie kein Zweiter.

Adresse St. Pantaleon, Am Pantaleonsberg 8, 50676 Köln, Tel. 0221/316655 | **Anfahrt** U3, U4, U16, U18, Haltestelle Poststraße | **Öffnungszeiten** Mo–Sa 9–19 Uhr, So 9.30–19.30 Uhr | **Darstellung** mit Lanze oder Kirchenmodell | **Gedenktag** 11. Oktober | **Tipp** Nach der Säkularisation wurde St. Pantaleon 1819 für 100 Jahre evangelische Garnisonskirche und 1921 im Tausch mit der sehenswerten Kartäuserkirche (Kartäusergasse 7) wieder katholische Pfarrkirche.

48 Die Hl. Drei Könige

Aus Mailand entwendet, in Köln gefeiert

Das war ein Coup ungeahnten Ausmaßes: Am 23. Juli 1164 ließ der Kölner Erzbischof Rainald von Dassel, Kanzler von Kaiser Friedrich I. Barbarossa, unter den Begeisterungsstürmen der Gläubigen die mutmaßlichen Gebeine der Heiligen Drei Könige nach der Unterwerfung Mailands von dort nach Köln überführen, die wahrscheinlich spektakulärsten Reliquien der katholischen Kirche. Von Dassels Nachfolger Erzbischof Philipp von Heinsberg gab für die Heiligen Drei Könige einen Schrein in Auftrag, der zum bedeutendsten Werk mittelalterlicher Goldschmiedekunst werden sollte und der ab 1181 von Nikolaus von Verdun (um 1130–1205), einem begnadeten Goldschmied und Emailmaler, begonnen und nach seinen Plänen um 1230 von seinen Schülern vollendet wurde.

Schon immer wurde darüber spekuliert, ob es 1248 wirklich zum Bau des Kölner Doms gekommen wäre, hätten nicht die Reliquien der Heiligen Drei Könige Caspar, Melchior und Balthasar zu einem Pilgerstrom an den Rhein geführt, der Kirche und Stadt zu ungeheurer Prosperität brachte, die das ganze Mittelalter über anhielt und auch heute noch ein nicht zu unterschätzender Wirtschaftsfaktor sein dürfte.

Die Längs- und Stirnseiten des zweigeschossigen Dreikönigsschreins sind bis ins kleinste Detail herausgearbeitete Kunstwerke. Ein aufwendiges Figurenprogramm aus vergoldetem Silber illustriert die christliche Heilsgeschichte. Propheten, Apostel und weltliche Würdenträger schmücken den mit Edelsteinen, Gemmen und Emailelementen verzierten, 2,20 Meter langen und 1,50 Meter hohen Schrein. So findet sich König Otto IV., der für den Schrein Gold und Edelsteine stiftete, bei den Heiligen Drei Königen, und auch der Initiator des Kölner Reliquienbooms, Rainald von Dassel, ziert das goldene Kunstwerk, das unmittelbar hinter dem Hochaltar des Kölner Doms steht.

Adresse Dom zu Köln, Domkloster 4, 50667 Köln, Tel. 0221/17940555 | Anfahrt U5, U16, U18, Haltestelle Dom/Hauptbahnhof und Breslauer Platz | Öffnungszeiten Mai–Okt. 6–21 Uhr, Nov.–April 6–19.30 Uhr, So und Feiertage 13–16.30 Uhr | Attribute Könige mit Geschenken, Krone, Stern | Patronat von Köln, der Pilger und Reisenden | Gedenktag 6. Januar | Tipp Der Kölner Dom verfügt über eine der imposantesten Schatzkammern aller deutschen Kirchen.

49 Die hl. Edith Stein

»Teresia Benedicta a Cruce« bei den Kölner Karmeln

Das hatte es in der katholischen Kirche noch nicht gegeben: Eine als Jüdin geborene Person wurde heiliggesprochen. Edith Stein, 1891 in Breslau als jüngste Tochter einer jüdisch-orthodoxen Familie zur Welt gekommen und 1922 zum katholischen Glauben konvertiert, wurde 1987 im damaligen Müngersdorfer Stadion zu Köln vor Zehntausenden Gläubigen von Papst Johannes Paul II. seliggesprochen. 1998 kam es dann in Rom zur offiziellen Heiligsprechung. Und das, obwohl die hochgebildete Edith Stein nach 1933 immer wieder eindringlich an den Vatikan und den Papst appelliert hatte, sich den Judenverfolgungen und Nazi-Pogromen entgegenzustellen. Vergebens.

Die junge Edith hatte schon früh ein kritisches Verhältnis zur religiösen Tradition ihrer Eltern, sympathisierte sogar mit atheistischen Positionen. Sie studierte Literatur, Geschichte und Psychologie in Breslau und Philosophie in Göttingen. Edith Stein promovierte mit »summa cum laude«, die von ihr so ersehnte Habilitation wurde ihr ein ums andere Mal verwehrt. Edith Stein arbeitete als Dozentin, engagierte sich für die Rechte der Frauen und schrieb wissenschaftliche Texte.

1933 belegten die Nationalsozialisten sie wegen ihrer jüdischen Herkunft mit Berufsverbot. Im Herbst trat Edith Stein in das Kloster der Karmeliterinnen in Köln ein. Ihr Ordensname: »Teresia Benedicta a Cruce«. Im Kölner Karmel entstanden bedeutende wissenschaftliche Schriften. Als sie 1938 gerade ihr Gelübde auf Lebenszeit abgelegt hatte, soll sie in der aufkommenden Pogromstimmung von der Priorin ihres Klosters an die Nazis verraten worden sein. Edith Stein emigrierte mit ihrer Schwester Rosa in die Niederlande, wo sie 1942 nach dem deutschen Überfall auf Holland von der Gestapo verhaftet und am 7. August in das Konzentrationslager Auschwitz deportiert wurde. Zwei Tage später wurden die Schwestern in der Gaskammer ermordet.

Adresse Karmel Maria vom Frieden, Vor den Siebenburgen 6, 50676 Köln, Tel. 0221/311637 | **Anfahrt** U12, U15, Haltestelle Ulrepforte; U3, U4, U17, Haltestelle Severinstraße | **Öffnungszeiten** Pforten- und Ladenöffnungszeiten: Mo–Sa 9–12 Uhr, Mo–Fr 14–18 Uhr; Edith-Stein-Archiv: Mo–Fr 9–16 Uhr | **Patronat** von Europa | **Gedenktag** 9. August | **Tipp** Am Börsenplatz, unmittelbar am Erzbischöflichen Priesterseminar, steht das 1998 entstandene bronzene Edith-Stein-Denkmal des Düsseldorfer Bildhauers Bert Gerresheim mit dem Titel »Gruppenbild einer Heiligen«.

50 Der hl. Eliphius

Erzbischof Annos Erscheinung

Der aus der ehemaligen Diözese Toul stammende Diakon Eliphius konnte es nicht lassen. Er predigte trotz Verbots im Namen Jesu, bekehrte unzählige Heiden und ließ Götzenfiguren zerstören. Das war dem römischen Kaiser Julianus Apostata (331–363), der das Christentum zurückzudrängen versuchte, zu viel. Er ließ den Prediger 362 hinrichten. Und dann das: Nach seiner öffentlichen Enthauptung bückte sich Eliphius, nahm seinen Kopf in beide Hände, wusch ihn in einer Quelle und trug ihn, von Engeln begleitet, auf einen Hügel, wo sich an der von ihm ausgesuchten Grabstelle die Erde auftat. Verehrt wurde Eliphius besonders in Köln. Denn dorthin gelangten seine Reliquien, die der damalige Erzbischof Bruno (953–965), ein leidenschaftlicher Sammler »heiliger« Gebeine, dem gerade gegründeten Benediktinerstift Groß St. Martin als Schenkung des Bischofs Gerhard von Toul 964 überbrachte.

Die Ausstrahlung und mystische Wirkung des heiligen Eliphius wirkte sich auch auf die Bautätigkeit an der imposanten romanischen Kirche Groß St. Martin aus. Das kam so: Erzbischof Anno (1056–1075) soll, so berichtete er selbst, an immerwährenden Kopfschmerzen gelitten haben, von denen er, der Vielträumer, erst befreit wurde, als ihm Eliphius im Traum erschien. Zum Dank für dieses »Wunder« habe er am Ostchor der Kirche, die 1150 abbrannte und 100 Jahre später in ihrer heutigen Form neu errichtet wurde, zwei große Türme bauen lassen. Und den wunderbaren Eliphius neben Sankt Martin, einem der populärsten Heiligen des Rheinlandes, zum zweiten Schutzheiligen der Kirche gemacht. Heute ist Eliphius ein weitgehend vergessener Heiliger. Man begegnet ihm in Groß St. Martin, die Hände ans Haupt gedrückt, in Form einer beeindruckenden Statue aus der Mitte des 12. Jahrhunderts. Davor steht der Schrein, der die durch einen Schwerthieb abgetrennte Kopfkalotte birgt.

Adresse Groß St. Martin, An Groß St. Martin, 50667 Köln | **Anfahrt** U5, Haltestellen Heumarkt oder Rathaus | **Öffnungszeiten** Di–Sa 9.30–19.30 Uhr, So 12–19.15 Uhr, Mo geschlossen | **Gedenktag** 16. Oktober | **Tipp** Es lohnt ein intensiver Rundgang durch die dreischiffige Basilika mit kleeblattförmigem Ostchor und quadratischem Vierungsturm, die heute wieder Klosterkirche der »Schwestern und Brüder von Jerusalem« ist.

51 Der hl. Engelbert

Der ermordete Kölner Erzbischof

Ist dieser Kölner Erzbischof nun ein Heiliger oder nicht? Eine offizielle Heiligsprechung hat es trotz eingeleiteter Kanonisation nie gegeben, gleichwohl Engelbert im »Martyrologium Romanum« als »heilig« geführt wird. Sei's drum: Für die Kölner ist er ein Heiliger, und sein prunkvoller, 1633 vom renommierten Goldschmied Conrad Duisbergh gefertigter silber-goldener Schrein, eines der Highlights der Domschatzkammer, spricht eine deutliche Sprache: Heilig! Doch dann die Zweifel: Der Erzbischof starb keines natürlichen Todes. Er wurde 1225 ermordet. Das mutmaßliche Motiv des durch einen adeligen Verwandten gedungenen Täters: Grenzstreitigkeiten, Habgier, Eifersucht? Ein Attentat aus politischen Motiven? Oder doch religiös bedingt? Schon ein Jahr nach der Beisetzung Engelberts im Kölner Dom wurde sein gewaltsamer Tod durch seinen Nachfolger zum Martyrium verklärt.

Engelbert war, wie viele Kölner Erzbischöfe, nicht nur Gottesmann, sondern auch ein weltlicher Machtpolitiker. 1185 als Sohn des Grafen Engelbert von Berg in eine Dynastie von hohen Würdenträgern geboren, bekleidete er schon in jungen Jahren einflussreiche Kirchenpositionen. Er galt als intrigant und machtbesessen. Zwischendurch exkommuniziert, dann vom Papst »begnadigt«, wurde er 1216, gerade 30-jährig, zum Erzbischof von Köln ernannt. Er vergrößerte das Territorium des Bistums, manifestierte die Macht des Domkapitels und war Initiator des Baus des Kölner Doms. Er war als Reichsverweser König Friedrichs II. und Vormund von dessen Sohn Heinrich, den er 1222 in Aachen zum König krönte, die politisch einflussreichste Person des Reiches.

Silberreliefs auf den Außenseiten des Schreins, auf dem Engelbert in liegender Pose mit Pontifikalkleidung und Stab dargestellt ist, dokumentieren die Lebensgeschichte des Heiligen. Der Schrein zeigt ihn als zwölften in einer Reihe heiliggesprochener Kölner Erzbischöfe.

Adresse Dom zu Köln, Domkloster 4, 50667 Köln, Tel. 0221/17940555 | **Anfahrt** U5, U16, U18, Haltestellen Dom/Hauptbahnhof und Breslauer Platz | **Öffnungszeiten** Mai–Okt. 6–21 Uhr, Nov.–April 6–19.30 Uhr, So und Feiertage 13–16.30 Uhr | **Gedenktag** 7. November | **Tipp** Das Herz Engelberts ruht als Reliquie im Dom zu Altenberg im Rheinisch-Bergischen Kreis.

52 Der hl. Evergislus

Kämpfer wider den Götzendienst

Auf einer Reise durch die belgische Provinz Limburg soll der Kölner Bischof Severinus in Tongern den jungen Evergislus kennengelernt haben. Er war von seiner Wissbegierde und Religiosität angetan, holte ihn als seinen Schüler nach Köln, weihte ihn zum Diakon und ließ ihn am Rhein Kirchenkarriere machen. Schließlich folgte ihm Evergislus um 590 auf den bischöflichen Stuhl.

Viel ist über die Amtszeit des fünften namentlich bekannten Kölner Bischofs, der als erster Bischof keinen römischen, sondern einen fränkischen Namen trug, nicht bekannt. Gregor von Tours (538–594), bedeutender Geschichtsschreiber seiner Zeit, erwähnt ihn in seinen Schriften immer wieder. Evergislus verehrte die Märtyrer der Thebäischen Legion, vor allem den heiligen Gereon, dem in Köln bereits eine Kirche geweiht war. Er soll die Gebeine weiterer Legionäre gehoben und ihnen zu Ehren in Birten bei Xanten eine Kirche gebaut haben. Evergislus galt als Verfechter des reinen Glaubens. Als er 593 in seiner Geburtsstadt Tongern gegen eine dort grassierende Götzenverehrung zu Felde zog, soll er des Nachts im Kloster St. Maria erschlagen worden sein. Grund genug, ihn im »Martyrologium Romanum« als Märtyrer und Heiligen aufzunehmen.

Erzbischof Bruno von Köln ließ 956 die Gebeine des »beatus Evergislus« aus dem belgischen Tongern nach Köln in das Frauenstift St. Cäcilien bringen, wo seine Schwester Äbtissin war. Mit der Säkularisation 1802 und der Aufhebung des Klosters gelangte der im Mittelalter angefertigte Schrein des heiligen Evergislus in die benachbarte Pfarrkirche St. Peter, den letzten erhaltenen gotischen Kirchenbau romanischen Ursprungs. Da die ursprüngliche Verkleidung des Schreins 1802 geraubt wurde, erhielt der Sarkophag 1834 eine Umhüllung aus vergoldetem Messing. Der Sarg, so ergab seine letzte Öffnung 2011, ist hauptsächlich mit verschiedenen Textilien bestückt.

Adresse St. Peter, Jabachstraße 1, 50676 Köln (Altstadt-Süd), Eingang: Leonhard-Tietz-Straße 6 | **Anfahrt** U1, U3, U4, U7, U9, U16, U18, Bus 136, 146, Haltestelle Neumarkt | **Öffnungszeiten** Mi–Fr 12–16 Uhr, Sa, So 13–17 Uhr, Mo, Di geschlossen | **Attribute** in bischöflichem Ornat mit Palme | **Patronat** der Glaser, Glasmaler und der Malerzunft | **Gedenktag** 24. Oktober | **Tipp** In St. Peter sehenswert: die »Kreuzigung Petri« von Peter Paul Rubens (1577–1640) von 1638 und der Altar »Gurutz-Aldare« des spanischen Bildhauers Eduardo Chillida (1924–2002) aus dem Jahr 2000.

53 Die hl. Brüder Ewalde

Zwei Glaubensboten aus Irland

Köln ist reich an Reliquien, an kunstvollen Schreinen und Büsten, die neben ihrer Bedeutung und christlichen Symbolik auch ein Kaleidoskop der Goldschmiede- und Skulpturenkunst der Stadt sind. Auch die romanische Kirche St. Kunibert unweit des Rheinufers, 1248 geweiht, verfügt über eine Fülle solch historisch bedeutender Stücke, Körperteile oder persönlicher Utensilien von Heiligen, die, meist in kunstvollen »Verpackungen«, verehrt werden. Zu diesem Kirchenschatz gehören die Gebeine der Brüder Ewalde, zwei Angelsachsen, die als Priestermissionare und Glaubensboten im Gefolge des heiligen Willibrord von Irland aufs Festland kamen.

Wenn man vom »weißen« und vom »schwarzen« Ewald spricht, bezog sich das durch die Jahrhunderte immer auf die Haarfarbe der beiden Brüder, die vor allem in Westfalen missioniert haben. Den Märtyrertod gestorben sind sie von heidnischer Sachsenhand um 692 bei Dortmund. Pippin der Mittlere, der wie auch seine wohlhabende Frau Plektrudis als Kirchen- und Klosterstifter hervortrat, ließ die Gebeine der Brüder 695 in einfachen Holzsärgen nach St. Kunibert bringen, wo sie 1074 von Bischof Anno gehoben und in zwei edlen Schreinen öffentlich präsentiert wurden.

Seit dem 14. Jahrhundert gibt es für die beiden Ewalde einen gemeinsamen Reliquienschrein, in dem sie, in rote Seidentücher gehüllt, ruhen. Dem Ewalde-Schrein entnommen wurde die sogenannte Ewaldidecke, ein kostbares Tuch aus der zweiten Hälfte des 10. Jahrhunderts mit einer allegorischen Darstellung des Jahres mit zahlreichen Tierkreiszeichen. Sie ist heute im modernen, ständig zugänglichen Schatzhaus von St. Kunibert zu sehen. Die kostbaren Stoffe werden wohl Reliquienhüllen gewesen sein. Seit 1879 steht rechts des Hauptaltars von St. Kunibert der neue Reliquienschrein der Brüder, die auch in Essen, Münster und Paderborn verehrt werden.

Adresse St. Kunibert, Kunibertsklostergasse 2, 50668 Köln, Tel. 0221/7880750 | **Anfahrt** U12, U15, U16, U18, Haltestelle Ebertplatz | **Öffnungszeiten** täglich 10–18 Uhr | **Attribute** Schwert, Keule, Palmzweig | **Patronat** von Westfalen | **Gedenktag** 3. Oktober | **Tipp** Ein Juwel des Mittelalters: St. Kunibert verfügt über die ältesten erhaltenen Kirchenfenster Kölns (zwischen 1200 und 1230) und die bedeutendsten des Rheinlands.

54 Der hl. Gereon

... und die Gefährten der Legion

Der Legende nach war Gereon (um 270–304) Offizier der aus Ägypten stammenden Thebäischen Legion des Römischen Reiches und, wie viele in seiner Legion, im Geheimen Christ. Als er und seine Kameraden sich weigerten, in den besetzten Gebieten an den vom späteren römischen Kaiser Maximianus militärisch angeordneten Christenverfolgungen teilzunehmen und Todesurteile zu vollstrecken, wurde er nahe Köln enthauptet und mit weiteren Legionären, zu denen auch seine Gefährten Gregorius Maurus und Innocent gehörten, in einen Brunnen vor den Mauern der Stadt geworfen.

An diesem Ort wurde schließlich auf Geheiß der römischen Kaiserin Helena (um 257–336), der Mutter Kaiser Konstantins des Großen, eine Kirche zu Ehren der Märtyrer errichtet. Vermutlich ist die Basilika St. Gereon die älteste Kirche Kölns, da Teile der Bausubstanz aus dem 4. Jahrhundert nachgewiesen sind. In der Kirche mit dem ursprünglich acht Nischen umfassenden Oval als Zentrum steht in einer der Nischen heute noch die sagenumwobene »Blutsäule«, an der der heilige Gereon hingerichtet wurde und die mit dem Blut des Märtyrers in Berührung gekommen sein soll. Insgesamt wurden angeblich 318 Legionäre, die der Standhaftigkeit Gereons folgten, als Märtyrer umgebracht. Nach der Überlieferung gelang es Norbert von Xanten, 1121 bei Reliquiengrabungen in Köln die angeblichen Gebeine der heiligen Legionäre zu heben. Seither werden Gereon und seine Gefährten als Heilige verehrt. Gereon ist auch der Stadtpatron Kölns. Die Gebeine der Märtyrer ruhen etwa seit dem Jahr 800 in drei steinernen Sarkophagen.

Zwischen 1219 und 1227 wurde die baufällig gewordene alte Kirche von Grund auf erneuert, ohne dass der alte Kern völlig überbaut wurde. Das spätantike Oval aus römischer Zeit wurde zu einem romanischen Zehneck, dem Dekagon, die Kirche mit einer Kuppel versehen, der größten ihrer Zeit nördlich der Alpen.

Adresse St. Gereon, Gereonsdriesch 2–4, 50670 Köln, Tel. 0221/134922 | **Anfahrt** U12, U15, Haltestelle Christophstraße/Mediapark | **Öffnungszeiten** täglich 10–18 Uhr | **Attribute** Soldat in Ritterrüstung, Kreuzfahne | **Patronat** von Köln, der Soldaten; gegen Kopfschmerzen | **Gedenktag** 10. Oktober | **Tipp** Sehenswert ist die Pietà-Kapelle mit der Figurengruppe des Anton Josef Reiss von 1898. Von großem kunsthistorischen Wert ist auch der prächtige Sebastianus-Altar.

55 Der hl. Gerhard von Toul

In Köln geboren und erzogen

Gerhard von Toul ist einer der wenigen *echten* Kölner Heiligen. Zu nennen wären neben ihm als »echt kölsche Jongen« noch der heilige Hermann Josef von Steinfeld und der Märtyrerpriester Johannes von Köln. Alle anderen bedeutenden Heiligen der Stadt und ihre Patrone sind erst später noch zu Lebzeiten oder »als Reliquien« an den Rhein gekommen. Erstaunlich, dass es in der Stadt kaum Hinweise auf den heiligen Gerhard gibt. Einzig auf der vor zehn Jahren rechter Hand des Eingangs zur Krypta des Kölner Doms eingelassenen Steintafel ist diese bedeutende Kirchenpersönlichkeit mit Namen anzutreffen.

Gerhard von Toul, 935 in eine wohlhabende Familie geboren, erhielt seine Ausbildung an der Kölner Domschule. Die Legende berichtet, dass der junge Gerhard seinen Weg zu Gott gefunden hat, als seine Mutter von einem Blitzschlag getroffen wurde und starb. Früh geriet Gerhard in den engeren Kreis des damaligen Erzbischofs Bruno, der in ihm ein großes Kirchentalent erkannte. Als der Bischofssitz im lothringischen Toul vakant wurde und das Bistum Bruno um Rat fragte, schlug dieser Gerhard für den Posten vor. 963 ernannte Kaiser Otto I., der Bruder des Kölner Erzbischofs, den nicht einmal 30-jährigen Gerhard zum Bischof von Toul. Geweiht wurde er in Trier, zu dessen Kirchenprovinz Toul zu der Zeit gehörte.

Politische Ambitionen wie sein Förderer Bruno hatte Gerhard nie. In seinem apostolischen Wirken vertrat er aber stets loyal die Interessen des Kaisers und des Bistums. Er bevorzugte die Wissenschaften und stellte die Seelsorge ins Zentrum seines Tuns. Er gründete das Kloster St. Gengoul und nach einer angeblichen Marienerscheinung die heute immer noch intakte Wallfahrtskirche Notre-Dame du Refuge. Sein großer Wurf aber war der Bau der Stephanskathedrale in Toul, in der er nach über 30-jähriger Bischofstätigkeit 994 begraben wurde. 1050 wurde Gerhard durch Papst Leo IX. heiliggesprochen.

Adresse Dom zu Köln, Domkloster 4, 50667 Köln, Tel. 0221/17940555 | **Anfahrt** U5, U16, U18, Haltestellen Dom/Hauptbahnhof und Breslauer Platz | **Öffnungszeiten** Mai–Okt. 6–21 Uhr, Nov.–April 6–19.30 Uhr, So und Feiertage 13–16.30 Uhr | **Attribute** Buch, Kirche, Bischofsstab | **Gedenktag** 23. April | **Tipp** Eine Statue von Gerhard von Toul befindet sich im Maternusportal des Kölner Doms links vom Haupteingang der Bahnhofsseite.

56 Der hl. Gero

Als der Erzbischof die Frau des Kaisers suchte

Der ursprünglich aus Sachsen stammende Gero (um 900–976), von 969 bis 976 Erzbischof von Köln, zählte zu den engsten Beratern des jungen ottonischen Kaiserhauses. So leitete er 971 im Auftrag Kaiser Ottos I., der von 936 bis 973 regierte, eine Delegation ins damalige Byzanz, um für Ottos Sohn am dortigen Hof um eine Braut zu werben. In Konstantinopel (dem heutigen Istanbul) muss Gero intensiv mit der Kunst in Berührung gekommen sein. Möglicherweise ist ihm hier erstmals eine Darstellung des Gekreuzigten begegnet, die man im Abendland so nicht kannte. Schließlich brachte er nicht nur die junge byzantinische Prinzessin Theophanu mit nach Köln, die 972 die Frau Ottos II. wurde, sondern in deren Gefolge kamen auch zahlreiche Künstler und Handwerker, die die byzantinische Kunst und deren Einflüsse mit ins ottonische Reich brachten und so auch nach Köln.

Im Dom stößt man auf das sogenannte Gero-Kreuz eines unbekannten Meisters. Fest steht, dass diese älteste Darstellung des toten Jesus am Kreuz etwa 975 vom Kölner Erzbischof Gero in Auftrag gegeben und dem Dom gestiftet wurde. Erstmals war der Erlöser, der bis dahin immer in aufrechter Pose, tapfer und heldenhaft gezeigt wurde, leidend und in sich zusammengesunken, mit geschlossenen Augen zu sehen. Die Legende sagt, dass der Kopf nach der Aufhängung des Kreuzes plötzlich einen Riss bekommen habe. Gero soll eine Hostie in den Spalt gelegt haben, der sich daraufhin wieder schloss.

Das Eichenholz-Kruzifix stand ursprünglich zentral im mächtigen Langhaus des alten Kölner Doms, des Vorgängerbaus des 1248 begonnenen heutigen Doms, direkt am Sarkophag des im Jahr 976 in Köln gestorbenen Erzbischofs Gero. Seit 1270 befindet sich der Sarkophag Geros in der Stephanskapelle, wo bis 1350 auch das Kreuz hing, bevor es an die Ostwand der Kreuzkapelle versetzt wurde. Ende des 17. Jahrhunderts kam der imposante Strahlenkranz hinzu.

Adresse Dom zu Köln, Domkloster 4, 50667 Köln, Tel. 0221/17940555 | **Anfahrt** U5, U16, U18, Haltestellen Dom / Hauptbahnhof und Breslauer Platz | **Öffnungszeiten** Mai – Okt. 6 – 21 Uhr, Nov. – April 6 – 19.30 Uhr, So und Feiertage 13 – 16.30 Uhr | **Gedenktag** 28. Juni | **Tipp** Der vier Meter hohe, um 1300 entstandene detaillierte Fassadenplan des Kölner Doms, der hinter einem großen Vorhang in der Johanneskapelle hängt, ist die größte Architekturzeichnung des Mittelalters.

57_Der hl. Heribert

Reichskanzler und Erzbischof

Heribert (970–1021) gehörte zu den bedeutendsten Erzbischöfen Kölns und war zur Jahrtausendwende ein wichtiger Exponent der Reichskirche. Er entstammte der Familie der Grafen von Worms und war ab 994 Reichskanzler und Vertrauter des jungen Ottos III. für Italien und damit zweitmächtigster Mann im Staat. Nach dem Tod Ottos, dessen Leichnam Heribert 1002 von Rom nach Aachen überführen ließ, um ihn an der Seite Karls des Großen beizusetzen, verlor er seine weltlichen Privilegien und widmete sich nun ganz dem Erzbistum Köln. Inmitten der Mauern des alten römischen Kastells Deutz gründete er 1003 die Benediktinerabtei. Nach seinem Tod 1021 wurde er hier beigesetzt. 1147 wurde der als Heiliger verehrte Heribert in einen mit Eisenbändern beschlagenen Holzsarg umgebettet, der bis zur Auflösung der Abtei in einem aus Spenden von Pilgern finanzierten goldenen Schrein in der Klosterkirche Alt St. Heribert 1803 seinen Platz fand. Im Zuge dieser Umbettung wurde Heribert kanonisiert, also heiliggesprochen.

Heute steht der Schrein Heriberts hinter dem Hochaltar in Neu St. Heribert an der Deutzer Freiheit, einer im neuromanischen Stil gebauten Basilika. Die kunstvolle Goldschmiedearbeit des Schreins, eine Auftragsarbeit der Mönche des Klosters an die renommiertesten Goldschmiedefamilien der Stadt, zeigt an der vorderen Stirnseite Christus mit dem heiligen Heribert, an den Längsseiten die zwölf Apostel und verschiedene Propheten und auf der hinteren Stirnseite Maria mit dem Jesuskind, umgeben von Engeln. Die Lebensgeschichte des Heiligen wird in zwölf auf dem Dach des Schreins eingelassenen Emailmedaillons erzählt. Alle in Silber gehaltenen Figuren dieses hochmittelalterlichen Kunstwerks sind im Gegensatz zu den meisten Schreinen Kölns, die im Zuge der Französischen Revolution und der Säkularisation verloren gegangen sind, vollständig erhalten.

Adresse Neu St. Heribert, Tempelstraße 2, 50679 Köln, Tel. 0221/8019500 | **Anfahrt** U3, U4, Haltestelle Deutzer Freiheit | **Öffnungszeiten** täglich 9–18 Uhr | **Patronat** von Köln-Deutz; für Regen | **Gedenktag** 16. März | **Tipp** In Neu St. Heribert im rechtsrheinischen Stadtteil Deutz sind der Bischofsstab des heiligen Heribert und dessen Messgewand zu sehen.

58 Der hl. Hildebold

Initiator des romanischen Kölner Doms

Bevor Hildebold, seit 785 amtierender Bischof von Köln, 794 zum Erzbischof ernannt wurde, leitete er seit einigen Jahren zusätzlich die Hofkapelle Karls des Großen in Aachen und war dort der höchste geistliche Würdenträger. Mehr noch: Er gehörte zum engen Freundeskreis des Frankenkönigs, genoss sein Vertrauen und hatte als einer seiner wichtigsten Berater starken Einfluss auf die Politik des Reiches. Mit dem Aufstieg des Kölner Bistums zum Erzbistum und der Vergrößerung des Reiches durch die aggressive Kriegspolitik Karls rückte Köln auch geografisch immer stärker ins Zentrum des Reiches. Entsprechend gestärkt wurde die Bedeutung der Stadt als geistiges und geistliches Zentrum. Zur Kirchenprovinz Köln gehörten zu dieser Zeit verwaltungstechnisch die Bistümer Utrecht, Lüttich, Münster, Osnabrück, Bremen und Minden.

Wie eng der in diversen Schriften als »heilig« apostrophierte Hildebold Karl dem Großen verbunden war, dessen Kaiserkrönung im Jahr 800 durch Papst Leo III. er mitinitiiert hatte, wird auch daran sichtbar, dass er es war, der dem Herrscher die Sterbesakramente und die Letzte Ölung spendete. Bis zu seinem Tod 818 führte er das Erzbistum zu neuer Größe. Hildebold soll auch den Bau des romanischen Kölner Doms, der 870 vollendet wurde, mit in die Wege geleitet haben, der bis zu seinem Abriss 1248 »Hildebold-Dom« genannt wurde und das Zentrum der Kölner Reliquienkultur war. Hildebold gründete die Kölner Domschule und die Dombibliothek, von der noch heute einige wertvolle Bände vorhanden sind. Er war zusätzlich Abt des Cassiusstiftes in Bonn und des oberösterreichischen Klosters Mondsee. Dem Wirken des heiligen Hildebold war es zu verdanken, dass Karl der Große das Erzbistum Köln als die »eleganteste Braut Christi nach Rom« bezeichnete. Der 818 gestorbene Hildebold wurde in St. Gereon beigesetzt. Unweit der Kirche ist heute ein Platz nach dem Heiligen benannt.

Adresse St. Gereon, Gereonsdriesch 2–4, 50670 Köln, Tel. 0221/134922 | Anfahrt U12, U15, Haltestelle Christophstraße/Mediapark | Öffnungszeiten täglich 10–18 Uhr | Darstellung spendet Karl dem Großen die Sterbesakramente | Gedenktag 3. September | Tipp In St. Gereon findet sich die gotische Madonna auf der Mondsichel (um 1430) aus der abgebrochenen Stiftskirche St. Maria ad Gradus.

59 Der sel. Joh. Duns Scotus

Der große Gelehrte des 13. Jahrhunderts

»Schottland hat mich geboren – England hat mich aufgenommen – Frankreich hat mich gelehrt – Köln behält mich«, ist in lateinischer Schrift auf dem Sarkophag des »weltläufigen« Franziskanerpaters und Gelehrten Johannes Duns Scotus (1265–1308) zu lesen. Den hat der Bildhauer Josef Höntgesberg 1958 im nördlichen Seitenschiff der Minoritenkirche neu gestaltet. Johannes Duns Scotus (»der Schotte«) hatte in Oxford und Cambridge studiert, Philosophie und Theologie gelehrt, später in Paris gewirkt und wurde schließlich 1307 auf Geheiß des Ordensgenerals nach Köln versetzt, wo ihn seine Glaubensbrüder und die Kölner Gelehrten mit Jubel empfingen. Als der Schotte im Jahr darauf in Köln starb, wurde ihm ein feierliches Begräbnis in der dreischiffigen gotischen Minoritenkirche zuteil.

Johannes Duns Scotus hat richtungsweisende Schriften für die Franziskanerschule des Mittelalters geschaffen, ist Schöpfer der katholischen Lehre von der »Unbefleckten Empfängnis«, nach der Maria »vom ersten Augenblick ihres eigenen Lebens ohne Sünde« war. Das Patrozinium der Minoritenkirche »Mariä Empfängnis« soll auf ihn zurückgehen.

Der Scholastiker führte zahlreiche theoretische Auseinandersetzungen in Glaubensfragen. Der nach ihm benannte »Scotismus« beinhaltete zwar die absolute Unabhängigkeit Gottes und die Dominanz des Willens über die Vernunft, Johannes Duns Scotus aber propagierte in seinen zahlreichen bis heute für die katholische Kirche wichtigen Schriften eine Trennung von Glauben und Erkenntnis, also von Theologie und Philosophie. Denn, so sein Tenor, die Wahrheiten der Theologie müssten nicht mit denen der Philosophie übereinstimmen. Johannes Duns Scotus wurde 1991 von Johannes Paul II. seliggesprochen. 2006 wurden die Portaltüren der Minoritenkirche durch den Bildhauer Paul Nagel neu geschaffen: mit Porträts der dort ruhenden Seligen Johannes Duns Scotus und Adolph Kolping.

Adresse Minoritenkirche St. Mariä Empfängnis, Kolpingplatz 1, 50667 Köln, Tel. 0221/2576646 | **Anfahrt** U3, U4, U5, U16, U18, Haltestellen Dom / Hauptbahnhof oder Appellhofplatz | **Öffnungszeiten** täglich 8 – 18 Uhr | **Gedenktag** 8. November | **Tipp** Der frühere Kreuzgang der Kirche bestimmt heute den Innenhof des benachbarten Museums für Angewandte Kunst. Darin sehenswert: der 1956 von Ewald Mataré geschaffene Stefan-Lochner-Brunnen.

60 Der hl. Kunibert

Beigesetzt in seiner eigenen Kirche

Dem heiligen Kunibert haften viele wundersame Geschichten an: So soll ihm im Anschluss an seine Wahl zum Erzbischof von Köln 623 eine Taube den Weg zum Grab der heiligen Ursula gewiesen haben, das bis dahin unbekannt war. Für die Stadt und die Kölner ein Reliquienfund von ungeheurer Tragweite.

Der an der Mosel adelig geborene Kunibert (um 590–663), einer der frühen Bischöfe Kölns sowie engster und mächtiger Berater des merowingischen Königs Dagobert I. und dadurch politisch sehr einflussreich, hatte hier, dicht am Rheinufer, eine Papst Clemens gewidmete erste Kirche errichten lassen. Nach 40-jähriger Amtszeit, während der er die Missionierung Frieslands und Westfalens mit zahlreichen Klostergründungen vorangetrieben hatte, wurde er hier 663 beigesetzt. Seit dem 9. Jahrhundert wird Kunibert als Hauptpatron der Kirche verehrt. 1168 wurden seine Gebeine gehoben und die Heiligsprechung päpstlich erteilt. Zwischen 1200 und 1260 entstand im Wesentlichen die heutige Kirche mit ihrem dreischiffigen Langhaus und den drei Türmen. Der seitlich des Hauptaltars stehende Schrein des Heiligen, der im Innern den historischen Holzsarg mit seinen Gebeinen enthält, ist eine Kölner Bildhauerarbeit von 1869.

Die wertvollsten Reliquien von St. Kunibert sind seit 1997 im nördlichen Teil des Westquerhauses zu bewundern, in einem modernen Schatzhaus, kreiert von der Kölner Künstlerin Ingrid Bussenius. In diesem nicht begehbaren, aber transparenten Kubus stehen, kunstvoll angeordnet, ungewöhnliche Reliquienbüsten zahlreicher Heiliger. Zwei Armreliquiare der Heiligen Nikolaus und Servatius, besetzt mit Halbedelsteinen, Meisterwerke der Kölner Goldschmiedekunst. Oder das Antonius-Bartreliquiar von 1222. Die Raummitte dominiert der beim Öffnen des Kunibert-Schreins gehobene sassanidische Seidenstoff, ein um 800 in Byzanz oder Syrien entstandenes Tuch mit der Darstellung der Löwenjagd.

Adresse St. Kunibert, Kunibertsklostergasse 2, 50668 Köln, Tel. 0221/7880750 | **Anfahrt** U12, U15, U16, U18, Haltestelle Ebertplatz | **Öffnungszeiten** täglich 10–18 Uhr | **Attribute** Taube | **Gedenktag** 12. November | **Tipp** Der Kunibertsbrunnen oder auch »Kunibertspütz« ist ein sagenumwobener Brunnenschacht in der Krypta der Kirche, der wohl der älteste Teil der gesamten Anlage ist und aus vorchristlicher Zeit stammt.

61 Die hl. Machabäer

Die vorchristlichen Heiligen

Sieben Söhne und ihre Mutter in vorchristlicher Zeit. Strenggläubige Juden, die unter dem syrischen Herrscher Antiochus Epihanes um 160 vor Christus wegen ihres Glaubens den Märtyrertod erlitten. Die Reliquien der sieben heiligen Machabäerbrüder und ihrer Mutter Salome wurden von den Christen schon früh verehrt und hoch »gehandelt«. Erst gelangten sie nach Konstantinopel, dann nach Rom und schließlich nach Mailand. Dort sollen sie zusammen mit den Gebeinen der Heiligen Drei Könige durch Rainald von Dassel unter Vermittlung Kaiser Friedrich Barbarossas 1164 nach Köln gekommen sein. So jedenfalls die Legende. Kurzum: Sie sind seit dieser Zeit am Rhein.

Als sie schließlich dem Kloster St. Magdalena auf dem Eigelstein übergeben wurden, widmeten die dortigen Nonnen kurzerhand den Namen ihrer Abtei in »Benediktinerinnen zu den heiligen Machabäern« um. Nach der Säkularisation 1803 und dem wenige Jahre später erfolgten Abriss der Machabäerkirche gelangte der dort verehrte mittelalterliche Schrein der Heiligen nach St. Andreas und gehört heute zu den Attraktionen dieser romanischen Basilika, deren Ursprünge bis ins 10. Jahrhundert zurückreichen.

Im Zentrum des sogenannten Machabäerchores von St. Andreas steht jetzt der prunkvolle spätgotische Schrein mit den Gebeinen der sieben Brüder und ihrer Mutter aus der Werkstatt des Goldschmieds Peter Hanemann von 1520. Dargestellt sind auf den zahlreichen Reliefs des aus vergoldetem Kupfer und in der traditionellen Kapellenform gestalteten Schreins Szenen aus der Geschichte der alttestamentarischen Märtyrer, die mit der Leidens- und Auferstehungsgeschichte Jesu korrespondieren. Auch der Maler und Bildhauer Markus Lüpertz hat die Geschichte der heiligen Machabäer in seinen modernen, farbintensiven und aussagestarken Fensterzyklus aufgenommen, den er 2008 in St. Andreas installiert hat.

Adresse St. Andreas, Komödienstraße 6–8, 50667 Köln, Tel. 0221/160660 | **Anfahrt** U5, U12, U14, U16, U18, Haltestelle Dom/Hauptbahnhof; Bus 132, Haltestelle Andreaskloster | **Öffnungszeiten** Mo–Fr 7.30–18 Uhr, Sa, So 8.30–18 Uhr | **Tipp** Sehenswert in St. Andreas ist das Kreuzigungstriptychon von 1550, ein Altarbild aus der Werkstatt des Kölner Malers und Porträtisten Bartholomäus Bruyn des Älteren (1493–1955).

62 Der hl. Maurinus

Entdeckt beim Neubau von St. Pantaleon

Das galt schon vor über 1.000 Jahren als Sensation: 966 entdeckten Bauarbeiter im Zuge des Neubaus der Kirche – der Vorgängerbau war plötzlich in Gänze eingestürzt – die Reliquien des heiligen Maurinus, dieses Heiligen, von dem man nicht viel weiß, nur dass er wohl in der zweiten Hälfte des 9. Jahrhunderts gelebt hat. Dem Inhalt seines Sarges zufolge war er als Abt tätig gewesen und im Kampf ums Christentum den Märtyrertod gestorben. Spekuliert wurde, ob er nicht bei dem historisch belegbaren Normannenüberfall 881/882 auf Kloster und Kirche, der ersten Kirche Kölns außerhalb der römischen Mauern, getötet wurde. Beim Auffinden der Gebeine, die in einem Steinsarkophag lagen, war in einem Schriftzug zu lesen, dass es sich um die Reliquien des Heiligen Maurinus handelte. Und der Überlieferung nach war dort auch zu lesen, dass Maurinus »im Atrium der Kirche den Märtyrertod« erlitten habe.

Bis heute werden die Gebeine in einem 1170 gefertigten Schrein in St. Pantaleon verehrt, einem der kostbarsten Schätze Kölner Kirchen. Die Goldschmiede rund um St. Pantaleon galten als die Creme der Zunft, für die Köln im Mittelalter berühmt war. Der Reliquienschatz von St. Pantaleon wurde über die Jahrhunderte so groß und wertvoll, dass man um 1220 eine Schatzkammer zu dessen Sicherung und Aufbewahrung baute. 1626 wurde im Rahmen der frühbarocken Neugestaltung von St. Pantaleon der Maurinusschrein in einen neuen, dem Heiligen geweihten Hochaltar eingebaut.

Viele Reliefdetails des Schreins sind nicht zuletzt im Zuge der Säkularisation in den frühen Jahren des 19. Jahrhunderts verschollen. Die Reliefs des Satteldachs aber befinden sich im Originalzustand des 12. Jahrhunderts und zeigen die Martyrien verschiedener Heiliger: Laurentius auf dem Rost, die Steinigung des Stephanus, die Enthauptung des Apostels Paulus, die Kreuzigung des Andreas und natürlich das Martyrium des Maurinus.

Adresse St. Pantaleon, Am Pantaleonsberg 8, 50676 Köln, Tel. 0221/316655 | Anfahrt U3, U4, U16, U18, Haltestelle Poststraße | Öffnungszeiten Mo–Sa 9–19 Uhr, So 9.30–19.30 Uhr | Patronat für Regen | Gedenktag 10. Juni | Tipp Der Lettner in St. Pantaleon gilt als Meisterwerk der Spätgotik. Die Arkaden mit Resten römischer Ziegel sind ebenfalls sehenswert.

63 Der sel. Nikolaus Groß

Familienvater, Kirchenmann und Märtyrer

Als Nikolaus Groß am 12. August 1944 nach dem missglückten Hitler-Attentat vom 20. Juli von der Gestapo in seiner Kölner Wohnung verhaftet wurde und seine vierjährige Tochter dem Papa nachrief »Vati, wohin gehst du?«, war ihm klar, dass er nie mehr heimkehren würde. Am 15. Januar 1945 verurteilte ihn der berüchtigte Berliner Volksgerichtshof des Roland Freisler zum Tode, wenige Tage später wurde Nikolaus Groß im Zuchthaus Berlin-Plötzensee gehängt. Die letzten Worte seines Abschiedsbriefes an die geliebte Familie: »Auf Wiedersehen in einer besseren Welt.«

Der 1898 in Hattingen geborene Nikolaus Groß arbeitete als Bergmann, als Sekretär im Gewerkverein christlicher Bergarbeiter in Schlesien, Sachsen und im Ruhrgebiet und ab 1927 als Journalist der »Westdeutschen Arbeiter-Zeitung«, des mit hoher Auflage erscheinenden Verbandsorgans der katholischen Arbeitervereine, dessen Chefredakteur er wurde. Gemeinsam mit dem Verbandspräsidenten Prälat Otto Müller (1870–1944) und dem Verbandssekretär Bernhard Letterhaus (1894–1944) avancierte Groß zu einem der führenden Köpfe der katholischen Arbeiterbewegung. In der Gewerkschaftszentrale des Kölner Kettelerhauses organisierten die drei den Widerstand gegen den Nationalsozialismus. Schon 1930 beschrieb Groß den »Führer« Adolf Hitler als »Scharlatan« und »falschen Propheten«.

Der aus diesem Widerstand gebildete »Kölner Kreis«, eng verbunden mit denen in Kreisau und Berlin, wurde nach dem gescheiterten Attentat auf Hitler erbarmungslos zerschlagen, ihre Protagonisten ermordet. Die an eine Gefängniszelle mit weißen Blechtüren und vergitterten Fenstern erinnernde, 1991 vom Künstler Anatol Herzfeld neu gestaltete Krypta der Kölner Agneskirche ist heute Gedenkstätte der drei katholischen Widerstandskämpfer gegen die Nazibarbarei. Am 7. Oktober 2001 wurde Nikolaus Groß seliggesprochen.

Adresse St. Agnes, Neusser Platz 18, 50670 Köln, Tel. 0221/7880750 | Anfahrt U12, U15, U16, U18, Haltestelle Ebertplatz | Öffnungszeiten täglich 9 – 19 Uhr | Gedenktag 15. Januar | Tipp Das »Kettelerhaus« in der Kölner Bernhard-Letterhaus-Straße 26 ist auch heute noch die Zentrale der Katholischen Arbeitnehmer-Bewegung.

64 Der hl. Pantaleon

Der weltweite Nothelfer

Der heilige Pantaleon stand in dem Ruf, beim Gebet zu Christus Blinde sehend zu machen oder scheinbar Tote wieder zum Leben zu erwecken. Zweifelsohne war der 278 als Sohn einer christlichen Mutter in Nikomedia in der heutigen Türkei geborene Pantaleon ein geschickter Heiler, der sehr gefragt war, zumal er für seine Heilkunst kein Geld verlangte. Ihm war es wichtiger, dass sich die Genesenen taufen ließen. Sein Ruf war so umfassend, dass er Leibarzt der römischen Kaiser Diokletian und Maximian wurde. Doch das war auch sein Verhängnis. Als Pantaleon als Christ enttarnt wurde und nicht vom Glauben lassen wollte, wurde er 305 in seiner Heimatstadt gegeißelt und gebrandmarkt, schließlich an einen Ölbaum gefesselt und enthauptet. Aus seinen Wunden, so die Legende, soll Milch statt Blut geflossen sein.

Wahrscheinlich ist es der Diplomatie und dem versuchten Ausgleich zwischen dem ottonisch-salischen und dem byzantinischen Reich zu verdanken, dass die Reliquien des in beiden Weltteilen verehrten Pantaleon nach Köln gelangten. Otto I. hatte es mit Erzbischof Geros Hilfe geschafft, die gerade einmal zwölfjährige, aus Byzanz herbeigeholte Prinzessin Theophanu (um 960–991) mit seinem Sohn Otto II. zu verheiraten. Sie wurde nach dessen frühem Tod für eine Dekade Kaiserin. Theophanu, die den griechischen Märtyrerarzt Panteleimon verehrte und ein enges Verhältnis zum Kölner Erzbischof Bruno (925–965), dem jüngsten Bruder Ottos I., unterhielt, hatte sich für die Überführung der Reliquien des Heiligen starkgemacht. 955 konnten die ersten Gebeine aus Rom, 972 durch den Einsatz Erzbischof Geros auch das Haupt des Heiligen aus Konstantinopel herbeigeschafft werden. Theophanu, die die Kirche der Benediktinerabtei um das Westwerk erweitern ließ, wurde schließlich auf eigenen Wunsch in St. Pantaleon bestattet. Unweit »ihres« Heiligen, der zum Hauptpatron der Kirche wurde.

Adresse St. Pantaleon, Am Pantaleonsberg 8, 50676 Köln, Tel. 0221/316655 | **Anfahrt** U3, U4, U16, U18, Haltestelle Poststraße | **Öffnungszeiten** Mo–Sa 9–19 Uhr, So 9.30–19.30 Uhr | **Attribute** Arzneifläschchen, Salbenbüchsen, Heilpflanze| **Patronat** von Köln, der Ärzte, Hebammen und Haustiere; gegen Kopfschmerzen | **Gedenktag** 27. Juli | **Tipp** Der im 19. Jahrhundert wiedergefundene ottonische »Christophkopf« von 980, der früher zu einer Figurengruppe an der Westfassade gehörte, ist jetzt auf der Mittelempore des Westbaus zu sehen, eingerahmt von Skulpturenfragmenten der Heiligen Albinus und Pantaleon.

65 Der hl. Petrus Canisius

Der große Jesuit in Köln

Was wäre gewesen, wenn Petrus Canisius nicht aufgetaucht wäre? Jedenfalls liebäugelte der damalige Kölner Erzbischof Hermann von Wied im Zuge der Reformation mit dem Protestantismus. Die auf den Plan getretenen Jesuiten, die sich als »Soldaten Christi« verstanden, bekämpften jedes Abweichlertum vom »rechten« Glauben.

Der 1521 geborene Petrus Canisius aus dem niederländischen Nimwegen, der ab 1536 in Köln Philosophie und Theologie studierte, traf in der Fakultät auf einen Kreis gleichgesinnter reformationskritischer Priester, der ihn theologisch politisierte. Begeistert vom Gedankengut des noch jungen Jesuitenordens der Heiligen Ignatius von Loyola und Franziskus Xaverius trat er 22-jährig als erster Deutscher in den Jesuitenorden ein, gründete aus eigenem Vermögen eine Kölner Dependance und avancierte zum Sprecher der katholischen Bürgerschaft der Stadt. Er lehrte an der Universität und wurde 1546 im Kölner Dom zum Priester geweiht. 1547 erzwangen er und seine Mitstreiter die Demission Hermann von Wieds.

Von Köln aus baute Petrus Canisius den deutschen Jesuitenorden auf, verfasste bedeutende theologische Schriften zur Verteidigung der katholischen Lehre und Seelsorge, wurde Berater des Kaisers und des Papstes auf Reichstagen und Konzilen. Zwischen 1550 und 1570 wurde der von »feuriger Beredsamkeit und heiliger Begeisterung« Getragene »zum geistlichen und politischen Führer der Gegenreformation«, so das Ökumenische Heiligenlexikon. Petrus Canisius, der 1597 starb und im schweizerischen Fribourg beigesetzt wurde, wurde 1864 selig- und 1925 heiliggesprochen und zum Kirchenlehrer erhoben. Zentrale Kollegkirche des von Petrus Canisius gegründeten Jesuitenklosters in der Kölner Marzellenstraße wurde 100 Jahre später die barocke Kirche St. Mariä Himmelfahrt mit ihrem vom damaligen Kurfürsten und Erzbischof Ferdinand von Bayern gestifteten dreistöckigen Hochaltar.

Adresse St. Mariä Himmelfahrt, Marzellenstraße 30, 50668 Köln, Tel. 0221/16421083 | **Anfahrt** U5, U16, U18, Haltestellen Dom/Hauptbahnhof und Breslauer Platz | **Öffnungszeiten** täglich 8–18 Uhr | **Attribute** Kruzifix und Katechismus | **Gedenktag** 21. Dezember | **Tipp** Heute ist das ehemalige Jesuitenkolleg neben der Kirche Sitz des Erzbischöflichen Generalvikariats. Die Kirche St. Petrus Canisius in Köln-Buchforst wurde 1931 nach den Plänen des Architekten Wilhelm Riphahn erbaut.

66_Die hl. Plektrudis

Die wohlhabende Stifterin

Zwei Grabplatten, eine von 1160, die andere von 1280, und ihr Sarkophag im Innern der Kirche erinnern heute an die Stifterin von St. Maria im Kapitol, die hier nach ihrem Tod 725 begraben wurde. Gemeinsam mit ihrem Mann, dem fränkischen Hausmeier Pippin dem Mittleren, trat Plektrudis, Tochter der Irmina von Oeren und des Pfalzgrafen Hugobert, also aus adeligem Haus, immer wieder als Gönnerin auf. Auch gehen zahlreiche Kirchen- und Klostergründungen auf ihr Konto: das 714 entstandene Kloster Susteren, das Benediktinerkloster Suitbertswerth des heiligen Suitbert, dem sie die damalige Rheininsel Kaiserswerth bei Düsseldorf schenkte, und schließlich 717 das von ihr reich ausgestattete und mit zahlreichen Liegenschaften versehene Kloster St. Maria im Kapitol. Stift und Kirche entstanden auf Teilen des Mauerwerks des alten Kapitolhügels, des »römischen Tempelbergs«, dort, wo im 1. Jahrhundert nach Christus der Tempel der Götter Jupiter, Juno und Minerva emporragte, oberhalb des Rheinufers, außerhalb des Forums.

Nachdem sich Plektrudis mit ihrem Stiefsohn Karl Martell, dem späteren Kaiser, vollends überworfen hatte und ihm das Vermögen Pippins überlassen musste, wurde sie der Residenz verwiesen. Köln, an der Grenze des fränkischen Reichs gelegen, wurde ihr Exil. Sie zog sich tief gekränkt zusammen mit ihrer Nichte, der heiligen Notburga, nach St. Maria im Kapitol zurück, wo sie 725 starb und bestattet wurde. Schon bald wurde die überaus kluge und offenbar sehr exzentrische Plektrudis als Heilige verehrt, dann aber über die Jahrhunderte nahezu vergessen.

Die romanische Kirche St. Maria im Kapitol, wie man sie heute sieht, entstand unter Einbeziehung der Kirche der Plektrudis im 11. Jahrhundert. Bauherrin der 1065 geweihten Basilika war die damalige Benediktineräbtissin Ida, die ebenfalls in der Kirche in einem Hochgrab verehrt wird.

Adresse St. Maria im Kapitol, Kasinostraße 6, Marienplatz 19, 50676 Köln, Tel. 0221/214615 | **Anfahrt** U1, U2, U7, U8, U9, Haltestelle Heumarkt | **Öffnungszeiten** Mo–Sa 9–18 Uhr, So 12–18 Uhr | **Gedenktag** 10. August | **Tipp** Auch die kleine Kirche im Örtchen Keyenberg bei Mönchengladbach, die 2021 dem Braunkohletagebau Garzweiler II geopfert und abgerissen werden soll, gilt als Gründung der heiligen Plektrudis.

67 Der hl. Severin

Der Bischof mit den vielen Unbekannten

Viel weiß man vom heiligen Severin nicht, der von etwa 330 bis 400 lebte und ab 397 dritter namentlich bekannter Bischof von Köln war. Aber das scheint sekundär, gibt es doch seit dem 6. Jahrhundert eine gesicherte permanente Verehrung dieses bedeutenden Kölner Bischofsheiligen, nach dem ein ganzes Veedel, also ein Stadtteil, benannt ist. Und viele Kölner hören bis zum heutigen Tag auf seinen Namen.

Man trifft den Heiligen in seinem imposanten Schrein in der 2017 wiedereröffneten und generalüberholten romanischen Kirche St. Severin. Die Kirche liegt an der damaligen südlichen Hauptstraße, die in römischer Zeit nach Bonn führte und an der zu beiden Seiten hinter der Stadtgrenze »Colonia Agrippinas« ein Gräberfeld römischer Bürger lag. Hier dürfte auch der heilige Severin bestattet worden sein und hier entstand im 4. Jahrhundert eine »Cella Memoriae«, ein kleiner rechteckiger Saalbau, der, als Friedhofskapelle konzipiert, im 6. Jahrhundert zu einer Kirche erweitert wurde. Im Zuge der Gründung des Severinstifts um das Jahr 850 wurden die Gebeine des heiligen Severin in die vergrößerte Stiftskirche überführt, die sich in den folgenden Jahrhunderten zu einer imposanten romanischen Kirche entwickelte und 1953 von Papst Pius XII. zur »Basilica minor« erhoben wurde.

Seit 1237 stand der Goldschrein des Heiligen am Hochaltar »seiner« Kirche. Dann die Zäsur: Im Zuge der französischen Besatzung 1798 mussten die Stiftsherren zur Begleichung der Kriegslast an die napoleonische Armee den wertvollen Schrein einschmelzen. Heute prangt zentral im Hochchor der neue, 1819 angefertigte Severinsschrein. Und wer Details über das Leben und Wirken des Severin erfahren möchte, dem sei der um 1500 entstandene, 20 Leinwandbilder umfassende Zyklus zur »Severinus-Legende« empfohlen. Auch hier wird der Heilige für seine Fähigkeit gerühmt, himmlischen Gesang wahrgenommen zu haben.

Adresse St. Severin, Im Ferkulum 29, 50678 Köln, Tel. 0221/9318420 | **Anfahrt** U15, U16, U17, Bus 106, 132, 133, 142, Haltestelle Chlodwigplatz | **Öffnungszeiten** Mo–Fr 10–18 Uhr, Sa 10–13 Uhr, So 13–17 Uhr | **Attribute** mit Bischofsstab, Mitra, Kirchenmodell St. Severin | **Patronat** von Köln; für Regen, gegen Unglück und Trockenheit | **Gedenktag** 23. Oktober; jeden Di abends Feier der »Severinusmesse« | **Tipp** Lohnenswert ist eine Besichtigung der Ausgrabungszone unter der Kirche mit ihren römisch-frühchristlichen Gräberfeldern und Sarkophagen.

68 Die hl. Ursula

Die Legende von den 11.000 Jungfrauen

Elf adelige Frauen um die bretonische Prinzessin Ursula waren es, die, von einer Pilgerreise nach Rom zurückkommend, auf dem Weg in die Heimat vor den Toren Kölns von den Hunnen überfallen und niedergemetzelt wurden. Nachdem Ursula eine Heirat mit dem Hunnenkönig verweigert hatte, wurde auch sie durch einen Pfeil getötet. Da erschienen dem Hunnenkönig 11.000 Jungfrauen im Traum, und er ließ die Zelte abbrechen. Köln wurde vor der Verwüstung gerettet, Ursula zur Stadtpatronin. Die Legende von der heiligen Ursula verbreitete sich in ganz Europa.

Erstes Dokument der Legendenbildung rund um die heilige Ursula und die Jungfrauen stellt die »Clematius-Inschrift« dar, zu sehen auf einer eingemauerten Kalksandsteintafel an der Südwand des gotischen Chores der 1135 geweihten romanischen Basilika St. Ursula. Dieser Schriftzug aus dem 4. oder 5. Jahrhundert, das früheste Zeichen des Christentums in Köln, erwähnt das Martyrium der »heiligen Jungfrauen, die für den Namen Christi ihr Blut vergossen haben«. Über ihren Gräbern wurde eine Kirche errichtet.

Ab dem 10. Jahrhundert kannte die Legendenbildung um die Schutzpatronin kein Halten mehr. Das Geschäft mit den Reliquien blühte. So wurden aus elf Jungfrauen 11.000, nachdem man während der Erweiterung der Kölner Stadtmauer zu Beginn des 12. Jahrhunderts nahe St. Ursula auf einen römischen Friedhof mit Tausenden Skeletten gestoßen war, die man den Jungfrauen zuordnete. Ein Reliquienkult ungeahnten Ausmaßes erfasste die Stadt, St. Ursula und die Stiftsdamen wurden zu europäischen Berühmtheiten. Tausende Kopfreliquien entstanden und wurden, immer versehen mit dem »seligen Lächeln der Heiligen«, teilweise teuer verkauft. Gehandelt wurde mit den »Verpackungen«, die Knochen aus dem schier unerschöpflichen Gräberfeld wurden beigelegt. Höhepunkt der Reliquienverehrung in St. Ursula: die »Goldene Kammer« von 1643 mit 120 Reliquienbüsten.

Adresse St. Ursula, Ursulaplatz 24, 50668 Köln, Tel. 0221/7880750 | **Anfahrt** U5, U16, U18, Haltestelle Dom/Hauptbahnhof | **Öffnungszeiten** Kirche und Goldene Kammer: Di – Sa 10 – 12 und 15 – 17 Uhr, So 15 – 17 Uhr | **Attribute** Pfeil, Kreuzfahne, Schiff | **Patronat** von Köln; der Jungfrauen, der Jugend, gegen Kinderkrankheiten | **Gedenktag** 21. Oktober | **Tipp** Sehenswert in St. Ursula ist der 1456 entstandene, 24 Tafeln umfassende Ursula-Zyklus des sogenannten Kölnischen Meisters, vermutlich aus der Werkstatt Stefan Lochners. Gezeigt werden Leben und Martyrium der heiligen Ursula und ihrer Begleiterinnen.

69 Der sel. Josef Marxen

In Albanien zum Märtyrer geworden

Der »jüngste« Selige des Erzbistums Köln ist Josef Marxen. Der 1906 in Worringen bei Köln geborene Priester wurde 2016 im Auftrag von Papst Franziskus durch den italienischen Kardinal Angelo Amato seliggesprochen. Ein Seliger aus Worringen? Und ein albanischer Kardinal?

Die Heimatgemeinde des jungen Josef Marxen war die von St. Pankratius im nördlichsten Kölner Stadtteil Worringen, berühmt durch die legendäre »Schlacht von Worringen« 1288. In der 1866 dem heiligen Pankratius geweihten Kirche wurde Josef Marxen getauft, hier erhielt er den ersten Zugang zu christlichem Denken. Nach dem Abitur auf dem von Steyler Missionaren geführten Gymnasium in St. Wendel stand für ihn fest: »Ich werde Priester.« Mehr noch: Josef Marxen fühlte sich zum Missionar berufen. Nach den Studien der Philosophie in St. Augustin und der Theologie in Mödling bei Wien bereitete er sich im Orientalischen Kolleg der Benediktiner in München auf seine neue Aufgabe vor, eine »Ostmission«. 1936 wurde er in München zum Priester geweiht und anschließend nicht, wie von ihm gewünscht, nach Russland, sondern nach Albanien entsandt. In die Diözese Durrës, eine für ihn fremde Welt.

Es ging für viele Jahre in die albanischen Berge, wo er mit hohem Respekt und Ansehen als Brückenbauer zwischen Muslimen und Katholiken gewirkt haben soll. Immer wieder soll er bei Fehden der Blutrache zwischen albanischen Familien versöhnend vermittelt haben. Sein Ruf als Sozialarbeiter, Seelsorger und Prediger war in seiner Diözese unangefochten. Nach der Befreiung Albaniens von der italienischen und deutschen Besatzung 1944 und der Machtübernahme der kommunistischen und atheistischen Partisanen unter Enver Hoxha (1908–1985) geriet auch die Kirche unter Duck, wurden Priester zunehmend verfolgt, schikaniert und verhaftet. Josef Marxen wurde 1946 in einem Wald nahe der Hauptstadt Tirana erschossen.

Adresse St. Pankratius am Worringer Bruch, Sankt-Tönnis-Straße 33, 50769 Köln-Worringen, Tel. 0221/12614000 | **Anfahrt** Bus 120, 123, Haltestelle Worringen Sankt-Tönnis-Platz | **Öffnungszeiten** Mo, Di, Do, Fr 10–12 Uhr, Mo 15–17 Uhr, Do 15–18 Uhr, Sa, So, Mi geschlossen | **Gedenktag** 16. November | **Tipp** Es lohnt eine Besichtigung der Kirche St. Pankratius am Worringer Bruch.

70_Der sel. Heinrich

Zollfreiheit und klösterlicher Weinhandel

In der Folge der Säkularisation 1803 wurde im 1189 von Zisterziensern gegründeten Kloster Heisterbach ganze Arbeit geleistet. Die Mönche der über 600 Jahre alten Abtei, malerisch gelegen im Siebengebirge unterhalb des Petersberges am Rhein, wurden vertrieben, die einst mächtige Klosteranlage mit ihrer 1237 geweihten, von unbekannten Architekten erbauten Abteikirche zerstört. Aber nicht von den französischen Besatzern, wie man denken könnte. 1809 wurde die Kirche zum Abbruch freigegeben, ihre Steinquader wurden verkauft und unter anderem für den Bau der Festung Ehrenbreitstein bei Koblenz verwendet. Die mittelalterliche Chorruine ist heute nahezu alles, was von dem einst 88 Meter langen und 44 Meter breiten, wuchtigen Kirchenbau geblieben ist, der zu den bedeutendsten der Spätromanik im Rheinland zählte und größer war als alle romanischen Kirchen im nahen Köln.

Dass das 1189 auf Geheiß des Kölner Erzbischofs Philipp von Heinsberg (1167–1191) von Mönchen der Abtei Himmerod gegründete Kloster Heisterbach zu einer Wirtschaftsgröße wurde, mit Ländereien beiderseits des Rheins und zahlreichen Weinbergen, und damit zum religiösen, kulturellen und gesellschaftlichen Zentrum, lag am charismatischen dritten Abt des Klosters, Heinrich (1180–1242), der ihm ab 1208 vorstand. Seine vorzüglichen Beziehungen zu Kaiser Friedrich II. garantierten den Heisterbacher Mönchen Zollfreiheit auf dem Rhein und einen lukrativen Weinhandel. Heinrich, aus adeligem Geschlecht, der in Paris studiert hatte und hochgebildet war, dazu immer im »Kontakt mit Gott« und deshalb später als Mystiker verehrt, vollendete den Bau der alles überragenden Abteikirche hier in tiefer Einsamkeit. Nach seinem Tod wurde er in Heisterbach beigesetzt und bald als Seliger des Ordens verehrt. Populärer als Heinrich selbst wurde schließlich sein Mönchskollege Caesarius von Heisterbach, ein berühmter Chronist seiner Zeit.

Adresse Kloster Heisterbach, 53639 Königswinter-Heisterbach, Tel. 0179/2403365 | **Anfahrt** Bahn: RB 27 von Koblenz oder Köln kommend, Haltestelle Niederdollendorf, dann Bus 520, Haltestelle Kloster Heisterbach | **Öffnungszeiten** tagsüber frei zugänglich | **Gedenktag** 11. November | **Tipp** Der zur Mitte des 19. Jahrhunderts vor der Chorruine errichtete englische Park machte Heisterberg zu einem Hotspot der Rheinromantik. 2012 wurde das gesamte Areal neu gestaltet und mit lehrreichen Hinweisen auf die Historie versehen.

71 Der hl. Judas Thaddäus

Das Gnadenbild und die Reliquie

Der Wallfahrtsnimbus der 1892 im neugotischen Stil erbauten Wallfahrtskirche in Heisterbacherrott hing eigentlich mit einem Gnadenbild zusammen. Nachdem ein Ölgemälde des Pfarrpatrons aus dem nahen Niederdollendorf hierhergelangt war, das den Heiligen mit einem Palmzweig im Arm und einem Medaillon mit dem Brustbild Jesu zeigte, kamen immer mehr Gläubige, um vom Heiligen Fürbitte zu erlangen. Da war es nur logisch, dass sich der Pfarrer der Kirche auch noch um ein Reliquiar des Heiligen bemühte, das er 1911 erstehen konnte. Die Reliquie wurde vom Erzbistum geprüft, für echt befunden und zur Verehrung durch die Gläubigen freigegeben.

Auslöser für einen regelrechten Wallfahrtsboom Anfang der 1930er Jahre aber soll eine Frau aus Bad Godesberg gewesen sein, die mit ihrer als unheilbar diagnostizierten Lungenkrankheit nach Heisterbacherrott pilgerte, gesundete und fortan monatlich Judas Thaddäus huldigte. Die angeblich von Heisterbacherrott ausgehenden Heilkräfte sprachen sich wie ein Lauffeuer herum. Plötzlich wurden jährlich Zehntausende Pilger gezählt. Da war es nur logisch, dass in den 1960er Jahren an die Pfarrkirche eine eigene Wallfahrtskapelle gebaut wurde: die Judas-Thaddäus-Kapelle, in der das Bild des Heiligen zu sehen ist.

Der heilige Judas Thaddäus, wohl in einer der ersten Dekaden nach Christus in Babylon, dem heutigen Irak, geboren, war der Überlieferung nach ein Verwandter Jesu, Neffe der Muttergottes, und gehörte zu den zwölf Aposteln (nicht zu verwechseln mit dem Jesus-Verräter Judas Ischariot). Er predigte trotz vieler Leiden und Verfolgungen voller Inbrunst über den Kontinent hinweg die Botschaft Jesu. Am Schwarzen Meer erlitt er das Martyrium, wurde dort mit Keulen erschlagen. Judas Thaddäus gilt seit jeher als Helfer in verzweifelten und scheinbar hoffnungslosen Lagen und wird in der katholischen Kirche weltweit verehrt.

Adresse St. Judas Thaddäus, Oelbergstraße 1, 53639 Königswinter-Heisterbacherrott, Tel. 02244/80307 | **Anfahrt** von Köln A59 bis Königswinter/Grüner Weg, auf B42 bis Oberdollendorf, auf Heisterbachstraße L264 bis Heisterbach | **Öffnungszeiten** Kirche: Mi 14.30–16.30 Uhr, Fr 8.30–10 Uhr; Wallfahrtskapelle: Mo–Sa 9–17 Uhr, So ab 10.30 Uhr | **Attribute** Buch, Keule, Arzneikästchen | **Patronat** bei schweren Nöten und Anliegen | **Gedenktag** 28. Oktober; seit 1931 jährliche Oktav rund um das Patronatsfest | **Tipp** Eine weitere interessante Wallfahrtskapelle ist die im 16. Jahrhundert dem heiligen Leonardus geweihte Leonarduskapelle Rheinbreitbach (Hauptstraße 4), die eine Reliquie des Heiligen vorhält.

72 Der sel. Gezelinus

Laienbruder in Altenberg bei Köln

Als der strenggläubige, aus dem Herzogtum Burgund stammende Gezelinus um 1120 Laienbruder bei den Zisterziensern in Altenberg bei Köln wurde, bedachte man ihn mit der Rolle des Schafhirten, zu dieser Zeit keine minderwertige Tätigkeit. Er lebte in Einfachheit und Askese. Die Arbeit auf den Wiesen und Weiden des Abteiguts Schlebuschrath, des heutigen Alkenrath, nahm die charismatische Erscheinung derart gefangen, dass sie mit der Natur und Gott eins zu werden schien. Immer mehr Menschen suchten Gezelinus und seine Herde auf, um nach Rat zu fragen, hatte er doch längst den Ruf, einen besonderen Draht zu Gott zu haben. Als es ihm gelang, so die Legende, während einer verheerenden Dürre, die die Ernte der Bauern vernichtete, Bäche und Brunnen austrocknen und Mensch und Vieh verdursten ließ, durch Gebete und das Stoßen des Hirtenstabes in den Acker bei Morsbroich eine unterirdische Quelle aufzuspüren, die plötzlich im Überfluss zu sprudeln begann, wurde er über die Region hinaus bekannt.

Und nicht nur das: Schnell sprach sich herum, dass dieses Wasser heilsam war und Krankheiten, vor allem Augenleiden, Kinderkrankheiten und Viehseuchen, linderte. Dem Seligen zu Ehren wurde über der Quelle eine Kapelle gebaut, die es in veränderter Form noch heute in der Gemarkung Schlebusch gibt. Sie wurde zum Wallfahrtsort, und noch immer kommen Menschen zum Gezelinbrunnen, um sich das Wasser in Flaschen abzufüllen.

Die Gebeine des um 1137 gestorbenen Gezelinus wurden 1889 in einem hölzernen Schrein in die neu erbaute neoromanische, doppeltürmige Pfarrkirche St. Andreas nach Schlebusch überführt. Der Schrein steht auf dem Seitenaltar unterhalb einer Gezelinusfigur von 1730, die ihn als Hirten darstellt. Im Jahr 2000 wurde ein Teil der Gebeine in die Christkönigskapelle nach Altenberg gebracht. In St. Andreas werden die Kinder bis heute mit Gezelinwasser getauft.

Adresse St. Andreas, Bergische Landstraße 51, 51375 Leverkusen-Schlebusch, Tel. 0214/56317; Gezelinkapelle, Alkenrather Straße 1, 51377 Leverkusen-Alkenrath | **Anfahrt** von Köln-Mühlheim kommend über Berliner und Mühlheimer Straße bis zur Herbert-Wehner-Straße, dann rechts, in einer Fußgängerzone gelegen | **Öffnungszeiten** Mo 8–12 Uhr, Di–Do 8–12 und 15–18 Uhr, Fr 8–12 Uhr, Sa, So geschlossen; Gezelinkapelle normalerweise verschlossen | **Darstellung** als Hirte | **Patronat** für Kindersegen, gegen Augenleiden und Kopfschmerzen | **Gedenktag** 6. August; jährliche Gezelin-Oktav am So nach Fronleichnam | **Tipp** Neben der Gezelinkapelle stößt man auf sieben sogenannte Fußfälle, eine Art Kreuzweg aus dem 18. Jahrhundert zu Ehren des Seligen.

73 Der hl. Jodokus

Der bretonische Einsiedler in der tiefen Eifel

Diesen Heiligen muss man suchen. Weitab der Landstraße zwischen Mayen und Langenfeld, inmitten schönster Eifellandschaft, stößt man auf die kleine Wallfahrtskapelle St. Jost, diese im Tal des Flüsschens Nitz gelegene, spätgotische, um 1400 entstandene Wallfahrtskapelle, die bis heute nichts von ihrer spirituellen Faszination eingebüßt hat und sich regelmäßiger Wallfahrten erfreut. Im Zentrum dieser von Graf Philipp von Virneburg errichteten Kapelle, die 1436 erstmals urkundlich erwähnt wird, steht der heilige Jodokus. Ihm wurde die Kapelle geweiht, nachdem der Graf von einer Frankreichreise eine Reliquie des Heiligen ins idyllische Nitztal gebracht hatte, die während der französischen Besetzung des Rheinlandes 1802 in die mächtige St.-Quirinus-Kirche in Langenfeld (»Eifeldom«) gerettet wurde, wo sie bis heute in einer Monstranz zu sehen ist. Seit dem Mittelalter pilgerten die Menschen zum heiligen Jodokus, versprach das doch eine gute Ernte. Wallfahrten hatten im kleinen Nitztal mitunter Volksfestcharakter.

Die in der Vulkaneifel gängige Legende erzählt, dass die Kapelle St. Jost eigentlich am Fuß des Burgberges von Virneburg errichtet hätte werden sollen. Aber nach einem plötzlich einsetzenden Unwetter riss das Hochwasser der Nitz das gesamte Baumaterial mit sich. Zwei Kilometer talabwärts wurde es gefunden, gut sortiert und gestapelt. Für den Grafen ein Wink des Himmels, die Kapelle nun an diesem Ort zu bauen. Herausstechend: der 1655 geweihte Barockaltar aus farbigem Tuff eines unbekannten einheimischen Meisters.

Die Verehrung des aus der Bretagne stammenden, um 600 geborenen und 669 in seiner Einsiedelei im französischen Saint-Josse-sur-Mer, wo später ein bedeutendes Kloster entstand, gestorbenen heiligen Jodokus reicht bis ins 9. Jahrhundert zurück. Er galt als steter Pilger, der auf seinen Reisen zahlreiche Heilungswunder vollbracht haben soll.

Adresse Wallfahrtskapelle St. Jost, In der Eisenkaul, 56729 Mayen-Langenfeld, Tel. 02651/800995; St. Quirinus, Mayener Straße 1, 56729 Mayen-Langenfeld, Tel. 02655/1342 | **Anfahrt** von Köln A 555, A 565 und A 61, Ausfahrt Wehr, B 412 bis Langenfeld, Ausfahrt nach St. Jost kurz hinter Langenfeld, L 10 Richtung Kirchwald/Mayen | **Öffnungszeiten** Infos im Kath. Pfarramt Langenfeld unter Tel. 02655/1342 oder beim Förderverein St. Jost unter Tel. 02655/2888 | **Attribute** als Pilger mit Hut, Stab, Mantel und Jakobsmuschel | **Patronat** der Pilger; gegen Gewitter, Brände, Fieber, Pest und Halsleiden | **Gedenktag** 13. Dezember; St.-Jost-Wallfahrten Mitte Sept.–Mitte Okt. | **Tipp** Es lohnt ein Besuch der Burgruine von Virneburg.

74_Die hl. Lüfthildis

Wie Aschenputtel und Dornröschen

Mönch Cäsarius von Heisterbach war es, der 1222 die Verehrung der heiligen Lüfthildis erstmals schriftlich festhielt. Von ihren Wundern berichtete der Chronist des Zisterzienserklosters, von immer neuen Heilungen, besonders bei Augen- und Ohrenleiden, die sich beim Anrufen der Heiligen an ihrem Grab ereignet haben sollen. Schon zu Lebzeiten stellte die um 800 als Tochter des Adeligen von Berge geborene Lüfthildis, deren Vater eine Burg mit einer dem heiligen Petrus geweihten Kapelle errichten ließ, ihr christliches Leben ganz in den Dienst der Armen. Ihr wurden Wunderheilungen durch Berührung mit der silbernen Spindel, ihrem Arbeitswerkzeug, nachgesagt. Und der Legende nach soll sie als Streitschlichterin aufgetreten sein, als sie einen Grenzkonflikt örtlicher Adeliger mit den Fäden ihrer Spindel schlichtete. »Bis hierhin und nicht weiter, Gott befohlen!« Da habe sich plötzlich der »Lüfthildis-Graben«, eine Erdvertiefung, aufgetan.

Schon zu Lebzeiten als Wohltäterin verehrt, wurde sie nach ihrem Tod in der Kapelle St. Petrus beigesetzt, der kleine Ort bei Meckenheim erhielt 1250 den Namen Lüftelberg. Wallfahrten zum Grab der Lokalheiligen setzten ein, die die Gegend wirtschaftlich erblühen ließen. St. Petrus wurde erweitert und vergrößert und zur reinen Wallfahrtskirche. 1623 ließ der Erzbischof und Kurfürst von Köln, Ferdinand von Bayern, die Gebeine der Lüfthildis heben und inmitten der Kirche ein marmornes barockes Hochgrab errichten. Jetzt kannte der Pilgerstrom kein Halten mehr.

Anlässlich der Grundsanierung von St. Petrus zu Beginn der 1970er Jahre wurde dort, wo einst das Hochgrab stand, eine Gedenktafel eingelassen, die ursprüngliche Grabplatte aus mineralischem Kalksinter des Römerkanals in einer kleinen Kapelle gesichert. Die Reliquien der Heiligen ruhen heute in einem Sarkophag über dem Hauptaltar. In der Taufkapelle steht eine Terrakottastatue der heiligen Lüfthildis von 1751.

Adresse St. Petrus, Petrusstraße 17, 53340 Meckenheim-Lüftelberg, Tel. 02225/2237 | **Anfahrt** über A 59 und A 565 von Bonn/Köln oder über A 1 und A 61 von Köln | **Öffnungszeiten** täglich 9–18 Uhr | **Attribute** Kirchenmodell und Spindel | **Patronat** gegen Kopf-, Augen- und Ohrenleiden; gegen böse Geister | **Gedenktag** 23. Januar; im Juni Lüfthildisfest mit Spindelsegen | **Tipp** Eine nach der Heiligen benannte Theatergruppe führt alljährlich zu Fronleichnam in der Lüfthildiskirche Mysterienspiele auf. Die Orgel von St. Petrus stammt von dem in Lüftelberg geborenen Gründer der berühmten Bonner Orgelbaufirma Klais.

75 Die sel. Hildegundis

Das klösterliche »Familienunternehmen«

Wenn man am circa 1820 erbauten »Teehäuschen« in der südwestlichen Ecke des Parks vorbei an der alten Abteimauer entlang zum heutigen Einlass fährt, erahnt man die ganze Pracht dieses einstmals beeindruckenden Klosters. Dabei hat der rosafarbene Teepavillon nur indirekt mit dem Kloster zu tun. Nach dem Abriss der Kirche und des größten Teils des Stifts infolge der Säkularisation wurde das »Teehäuschen«, das Wahrzeichen der Stadt Meerbusch, aus den Abrissresten der alten Klosterkirche errichtet. Jahrhundertelang waren das Herrenhaus Meer und das weithin bekannte Kloster eine begehrte Adresse im geistigen und kulturellen linksrheinischen Leben gegenüber der Stadt Düsseldorf. Und das lag an ihr, der 1115 geborenen Hildegundis von Meer, die hier auf ihrem Besitz, den sie der Kölner Kirche zum Zweck einer Klostergründung übertrug, 1166 das Prämonstratenserinnenstift St. Laurentius ins Leben rief, deren erste Äbtissin sie wurde.

Hildegundis, Tochter aus dem Adelsgeschlecht von Liedberg, verheiratet mit dem Grafen Lothar von Ahr und Mutter dreier Kinder, war in ihrer Entwicklung zur Nonne vergleichsweise spät dran und familiär vorgeprägt. Nach dem Tod des Vaters gingen ihre Mutter und eine Tante ins Prämonstratenserinnen-Kloster Köln-Dünnwald, Hildegundis' Sohn Hermann wurde Prämonstratenser im Kloster Cappenberg. Nachdem ihr Mann und ihr Sohn Dietrich gestorben waren, brach sie zu einer Pilgerreise nach Rom auf. Zurück in Meer stand ihr Entschluss fest, hier ein Kloster zu gründen. Die Kirche wurde dem heiligen Laurentius geweiht, dessen Verehrung ihr in Rom begegnet war. Den päpstlichen Segen erhielt ihre Gründung 1178. Der Abtei Meer, in die auch ihre Tochter Hadwig eintrat, stand sie bis zu ihrem Tod 1183 vor. Hildegundis wurde in ihrer Kirche bestattet und vor dem Hochaltar in einen Schrein erhoben. Tochter Hadwig übernahm nach dem Tod der Mutter die Leitung von Meer.

Adresse Haus Meer 1, 40667 Meerbusch, Tel. 0173/2951197 (Förderverein Haus Meer e. V.) | Anfahrt aus Düsseldorf U70, U74, U76, Bus 829, 830, Haltestelle Haus Meer | Öffnungszeiten Herrenhaus immer zugänglich; St. Mauritius: 9–18 Uhr (Dorfstraße 1, Tel. 02132/2083) | Darstellung als Nonne mit Grafenkrone und Rosenkranz, daneben ihr Kloster | Patronat für eine glückliche Entbindung, gegen Kopfschmerzen | Gedenktag 6. Februar | Tipp Einige Reliquien der Hildegundis werden heute in der gleichnamigen Kapelle der Mauritius-Kirche im Meerbuscher Ortsteil Büderich aufbewahrt. Ebenso ist dort eine hölzerne Statue der Seligen zu sehen.

76 Der hl. Lutwinus

Das Schiff gegen den Strom

Der erst 1905 erbaute »Mettlacher Dom«, wie die Bevölkerung ihre mächtige Lutwinuskirche stolz nennt, ist reich an Kultgegenständen und Keramikmosaiken, nicht zuletzt wegen der großen Keramikindustrie vor Ort, lag doch die Bauausführung in den Händen der Steingutfabrik Villeroy & Boch. Die Pfarr- und Wallfahrtskirche hatte verschiedene Vorgängerkirchen, die Abteikirche aus dem 10. Jahrhundert wurde nach der Säkularisation 1819 abgerissen, der danach errichtete Kirchenbau wegen rasch wachsender Bevölkerung zu klein. Die neue Kirche beherbergt das Grab des Heiligen, den goldenen Schrein rechts hinter dem Hochaltar, in den er kunstvoll eingelassen ist. Riesige Mosaike an den Wänden des Hauptschiffs zeigen Stationen aus dem Leben des Kirchenpatrons. Seit Jahrhunderten ist St. Lutwinus Ziel großer Wallfahrten, wurden dem Heiligen doch schon zu Lebzeiten zahlreiche Wundertaten nachgesagt.

Der aus Adelskreisen des fränkischen Reichs stammende, um 650 geborene Lutwinus gründete 675 das Benediktinerkloster Mettlach, in das er 696 nach dem Tod seiner Frau eintrat und in dem er rasch zum Abt ernannt wurde. 705 wurde er Bischof von Trier – wie zuvor sein Onkel – und blieb gleichzeitig Abt des Klosters Mettlach. 717 wurde ihm auch das Bistum Reims übertragen, wo er im selben Jahr starb und beigesetzt wurde. Nachfolger auf dem Bischofsstuhl in Trier wurde sein Sohn Milo.

Und dann die Legende: Als Milo seinen Vater in Trier beisetzen lassen wollte, ließ sich das Schiff mit dem Sarg dort nicht vertäuen. Der Rat der Stadt beschloss, das Schiff führerlos treiben zu lassen, damit sich der Tote seine letzte Ruhestätte selbst aussuchen könne. Und auf wundersame Weise setzte sich das Schiff gegen den Strom von Mosel und Saar flussaufwärts in Bewegung, bis nach Mettlach, wo alle Glocken wie von Engels Hand zu läuten begannen und die Menschen herbeiströmten.

Adresse St. Lutwinus, Gangolfer Straße, 66693 Mettlach | Anfahrt von Köln über A 1 und B 51 via Trier | Öffnungszeiten täglich 9–19 Uhr | Attribute Bischofsstab und Kirche | Gedenktag 23. September; »Mettlacher Lutwinus-Wallfahrt« Christi Himmelfahrt bis Pfingstsamstag | Tipp Ein Blick auf den »Alten Turm« aus dem 10. Jahrhundert, ein Überrest der ehemaligen Stiftskirche der Abtei Mettlach im Park am Langweiher, lohnt.

77_Der hl. Vitus

Die Mönche von Gladbach

Der Name Mönchengladbach ist Programm: Keimzelle der Stadt ist der Abteiberg, sind die Mönche der vom Kölner Erzbischof Gero um 974 gegründeten Benediktinerabtei Gladbach. Schon die kurz nach der Klostergründung erbaute erste Abteikirche wurde unter den Schutz des heiligen Vitus (Veit) gestellt, der aus Sizilien stammte und 304 vom römischen Kaiser Diokletian gemartert und damit zum Märtyrer wurde.

Der siebenjährige Sohn eines heidnischen Vaters wurde heimlich von seiner Amme Crescentia und dem Lehrer Modestus im christlichen Glauben erzogen. Das Kind soll immer wieder Wunder bewirkt haben, was den Vater wütend machte. Er schlug den Sohn, ließ ihn von Beamten foltern, Vitus aber blieb unbeeindruckt und vollbrachte immer neue Mysterien. Schließlich rief Kaiser Diokletian, der Christenverfolger, den Jungen nach Rom, um von ihm seinen eigenen, von einem bösen Geist geplagten Sohn heilen zu lassen. Als sich der kleine Vitus nach dessen Heilung weigerte, den römischen Göttern zu huldigen und zu opfern, wurden er, seine Amme und der Lehrer den Löwen vorgeworfen. Diese aber blieben zahm und leckten den Christen die Füße. Auch alle weiteren Marterwerkzeuge konnten dem Kind nichts anhaben. Als die drei schließlich lebendig in siedendes Öl geworfen wurden, sollen Engel herbeigeeilt sein, sie gerettet und zurück nach Süditalien gebracht haben, wo sie starben.

Die meisten Reliquien des heiligen Vitus gelangten 756 in die Basilika St. Denis bei Paris und schließlich 836 in das Benediktinerkloster Corvey. Das Haupt des Vitus wurde 1355 nach Prag transferiert, um dort im von König Karl IV. erbauten und Vitus geweihten Veitsdom verehrt zu werden. Die niederrheinische Vitus-Stadt Mönchengladbach, deren Schutzpatron der Heilige ist, verehrt ihren Namensgeber bis heute durch ein Büstenreliquiar in der zur Kirche gehörenden Schatzkammer.

Adresse Münster St. Vitus, Abteistraße 41, 41061 Mönchengladbach, Tel. 02161/462330 | **Anfahrt** von Köln A 57 und B 230, Parkplatz Geroweiher, fußläufig über Treppen erreichbar; Bus 5, 15, 17, 25, Haltestelle Geroplatz | **Öffnungszeiten** täglich 8 – 18 Uhr | **Attribute** Ölkessel, Hahn, Adler | **Patronat** der Stadt Mönchengladbach, von Sachsen und Böhmen; gegen Epilepsie (»Veitstanz«), Tollwut und Schlangenbiss; der Gastwirte und Bierbrauer | **Gedenktag** 15. Juni | **Tipp** Sehenswert ist der vergoldete Abendmahlsschrein, in dem das berühmte Tuch liegt, das auf dem Tisch des letzten Abendmahls Jesu gelegen haben soll und alle sieben Jahre der Öffentlichkeit gezeigt wird.

78 Die sel. Maria Therese

Die »Schwestern vom Göttlichen Heiland«

Nähert man sich dem imposanten Schloss Myllendonk bei Mönchengladbach, ahnt man, wie privilegiert die 1833 geborene Therese von Wüllenweber als Kind begüterter, dazu gebildeter und kultivierter Eltern aufgewachsen sein muss. Betritt man die kleine Kapelle im hinteren Gebäudekomplex der von Wasser umgebenen Schlossanlage, spürt man die Religiosität, die die Familie lebte. Hier wurde Therese getauft, im christlichen Glauben erzogen, mit 15 Jahren kam sie in das Pensionat der Benediktinerinnen nach Lüttich. Früh entwickelte die junge Freifrau von Wüllenweber ein Faible für die Mission, fühlte sich von Gott berufen. Aber die Turbulenzen rund um die Revolution von 1848, die Attacken auf alles Katholische im protestantisch-preußischen Rheinland, schließlich der »Kulturkampf« machten ihre Suche nach einem ihr genehmen weiblichen Missionsorden ein ums andere Mal zunichte.

1876 kaufte Therese von Wüllenweber mit dem Geld ihres Erbes einen Großteil des in der Nähe des Schlosses gelegenen Klosters Neuwerk und gründete das Barbarastift für Waisenkinder. Aber am Ziel fühlte sie sich erst durch die Begegnung mit dem engagierten Pater Johann Baptist Jordan, der sie nach Rom holte und ihr Anliegen verstand. Gemeinsam gründeten sie 1888 die »Kongregation der Schwestern vom Göttlichen Heiland« (Salvatorianerinnen), deren erste Generaloberin sie wurde. Nach ihrem Gelübde nannte sie sich fortan »Maria von den Aposteln«. Am 25. Dezember 1907 starb Therese von Wüllenweber in Rom und wurde dort beigesetzt – nach einem Leben ganz im Zeichen der Mission. 1968 wurde sie durch Papst Paul VI. seliggesprochen. Heute sind Salvatorianerinnen auch im Kloster Neuwerk aktiv, ihre Krankenhausgründung »Maria von den Aposteln« gehört zu den St.-Augustinus-Kliniken. In der Klosterkirche steht ein moderner goldener Schrein mit verschiedenen Reliquien der Seligen.

Adresse Kloster Neuwerk, Dammer Straße 165, 41066 Mönchengladbach-Neuwerk, Tel. 02161/6681014; Schloss Myllendonk, Myllendonker Straße 113, 41352 Korschenbroich | Anfahrt am Kreuz Mönchengladbach auf A 52, Abfahrt Neuwerk (L 390), erste Ampel Krahnendonk rechts ab zum Marktplatz, erneut rechts abbiegen | Öffnungszeiten Klosterkirche: täglich 8 – 12 und 15 – 18 Uhr | Gedenktag 25. Dezember | Tipp Auch an der Fassade von St. Andreas in Korschenbroich erinnert eine bronzene Porträttafel an die selige »Maria von den Aposteln«.

79 Der hl. Irmund

Der skurrile Einsiedler von Jülich

In Sichtweite zum Braunkohlerevier, zum Tagebau Garzweiler und zu den bedrohlich dampfenden Kraftwerksmeilern tut sich auf einsamer Flur die kleine Kirche von Mündt auf. Die Kirche ist dem heiligen Irmund von Jülich geweiht, dem Volks- und Lokalheiligen, Patron des Viehs und der Bauern, der heute weitgehend vergessen ist, aber bis ins letzte Jahrhundert hoch verehrt wurde und viele Pilger anzog.

Er soll in der zweiten Hälfte des 4. Jahrhunderts gelebt haben. Als Einsiedler und Viehhirte hier in dieser Gegend zwischen Mündt, Jackerath und Kirchherten. In tiefer Frömmigkeit soll er die Menschen für das Christentum gewonnen haben. Und man muss wissen: Hirten genossen zu dieser Zeit einen guten Ruf, sie nahmen vielfach die Funktion des Veterinärs ein, mussten die Herde zusammenhalten, die Tiere bei Krankheiten heilen. Aber Irmund konnte vielfach auch den Menschen helfen, sie von allerlei Leiden befreien. Und als er während einer Dürre in seiner Einsiedelei den Hirtenstab in die Erde stieß, soll sich eine heilkräftige Quelle aufgetan haben, die bis heute sprudelt. Am legendären »St.-Irmunds-Pütz« auf dem Gelände des Hahnerhofes bauten die Menschen 1672 ihm zu Ehren eine kleine Kapelle.

Der schon zu Lebzeiten hochverehrte Hirte soll auf dem kleinen Feld beerdigt worden sein, auf dem heute die dem heiligen Urban geweihte Kirche steht, die älteste im Jülicher Land. Der erstmals um das Jahr 650 erwähnte Kirchenbau, dessen Untergeschoss, Chor und halbkreisförmige Apsis aus dem 10. Jahrhundert stammen und der nach Plünderungen durch die holländischen Geusen 1602 (und 1646 im Dreißigjährigen Krieg durch die Hessen) niedergebrannt wurde, konnte 1680 im Stil der Gotik neu errichtet werden. Er beherbergte lange die gehobenen Gebeine Irmunds. Heute werden die Reliquien des Lokalheiligen im Tresor des Pfarrhauses Titz aufbewahrt und bei Prozessionen der Öffentlichkeit gezeigt.

Adresse St. Urban, 52445 Mündt (Titz); Irmundis-Kapelle auf dem nahen Hahnerhof | **Anfahrt** von Köln A 4 und A 61; Bus 284 von Jülich / Hauptbahnhof nach Titz, Haltestelle Mündt | **Öffnungszeiten** Infos beim Pfarrbüro Titz-Mündt unter Tel. 02463/7236, Do 14–15 Uhr; Kirche zu Gottesdiensten geöffnet | **Attribute** Einsiedlergewand, Hirtenstab | **Patronat** des Viehs | **Gedenktag** 28. Januar | **Tipp** Das »Irmunduskreuz« von 1685 wurde 1998 restauriert und ist an einem Feldweg südlich des Hahnerhofes zu sehen.

80 Der hl. Quirinus

Ein Römer wird zum Stadtpatron

Eine der imposantesten spätromanischen Kirchen im Rheinland ist die zwischen 1209 und 1230 erbaute Basilika St. Quirinus in Neuss. Der Ruhm der Kirche und die frühe Bekanntheit von Neuss über den Niederrhein hinaus begannen mit dem Eintreffen der Reliquien des heiligen Quirinus, die 1050 ein Geschenk von Papst Leo IX. an seine Schwester Gepa gewesen sein sollen, die als Äbtissin dem Neusser Benediktinerinnenkloster vorstand. Schon damals setzte eine rege Wallfahrt zur Stiftskirche ein, dem kleineren Vorgängerbau der heutigen Basilika. Mit der Verlegung der Gebeine des heiligen Quirinus 1230 in den neuen Prachtbau wurde Neuss zum viel frequentierten Wallfahrtsort und erlebte prosperierende Zeiten. Quirinus stieg zum Stadtheiligen auf und wird bis heute nicht nur von den Katholiken verehrt.

Nach der Zerstörung des mittelalterlichen Schreins Ende des 16. Jahrhunderts wurden die Gebeine des Heiligen im 19. Jahrhundert in den goldenen Quirinusschrein vor dem Altar platziert, so wie er sich heute dem Besucher präsentiert. Der heilige Quirinus, römischer Militärtribun, erlitt um das Jahr 130 unter Kaiser Hadrian für seinen christlichen Glauben den qualvollen Märtyrertod durch Enthauptung. Er hatte sich von Papst Alexander I. aus Dankbarkeit und Ehrfurcht taufen lassen, nachdem dieser seine dem Tod geweihte Tochter Bibiana von einer schweren Halskrankheit geheilt hatte. In der katholischen Kirche gilt der heilige Quirinus als einer der 14 Nothelfer und einer der vier heiligen Marschälle, neben Hubertus, Cornelius und Antonius dem Einsiedler, die besonders in den Diözesen Köln und Trier verehrt werden.

Seit einem verheerenden Brand im Jahr 1741, als ein Blitzschlag in den Turm des Quirinus-Münsters einschlug und die Dachkonstruktion schwer beschädigte, thront nun weithin sichtbar auf der Kuppel des wiedererrichteten Vierungsturms das Bild des Neusser Schutzpatrons.

Adresse St. Quirinus, Münsterplatz, 41460 Neuss, Tel. 02131/222327 | **Anfahrt** Tram 709 vom Hauptbahnhof, Haltestelle Markt | **Öffnungszeiten** täglich 8.30–18 Uhr | **Attribute** Schild mit neun Kugeln | **Patronat** der Stadt Neuss, der Ritter, Pferde; gegen Gicht, Lähmung, Pest, Ohrenschmerz und Hautkrankheiten | **Gedenktag** 30. April | **Tipp** Neben der Basilika sollte man sich das mehrteilige Denkmal für den 1978 verstorbenen Kölner Erzbischof Kardinal Frings anschauen, dessen Heimatgemeinde St. Quirin war.

81 Die Heiligen Drei Ärzte

... und die Mediziner und Apotheker von Prüm

Vermutlich war es Karl der Große, der wesentliche Teile der Reliquien der Heiligen Drei Ärzte im 8. Jahrhundert von Rom nach Aachen transferieren ließ und der Abtei Prüm schenkte. Der Salvatorkirche des 752 neu gegründeten Benediktinerklosters, des Hausklosters der Karolinger, hatte Karls Vater König Pippin als »Mitgift« schon die Sandalen Christi übergeben, die Prüm schnell zu einem Magneten für Wallfahrten und St. Salvator zu einer »Goldenen Kirche« machten und der Westeifel einen nie gekannten Aufschwung bescherten. Die großen Wallfahrten des 19. Jahrhunderts zählten bis zu 30.000 Gläubige. Auch die Heiligen Drei Ärzte fanden bei den Pilgern regen Zuspruch, zumal sich an ihrem Grab immer wieder Wunderheilungen vollzogen haben sollen, deren Erzählungen sich rasch verbreiteten. Kann sein, dass die Heiligen Drei Ärzte allein dadurch ihren guten Ruf erhielten, denn historisch belegt war ihr Heilberuf nie. Der aus Persien stammende Marius, seine Frau Martha sowie deren Söhne Audifax und Abacum wurden um 270 anlässlich eines Besuches der Apostelgräber in Rom als christliche Märtyrer verfolgt und umgebracht. Marius und seine Söhne wurden enthauptet, Martha in einen Brunnen geworfen.

In Prüm ruhten die Heiligen jahrhundertelang in drei Gräbern am Eingang der Mariengruft. Nach Zerstörungen und Brandkatastrophen wurde die Salvator-Basilika im Auftrag des Trierer Kurfürsten 1721 neu errichtet und zur größten Pfarrkirche des Bistums. Heute begegnet man den Heiligen Drei Ärzten in einer eigenen Kapelle in Form einer sie darstellenden Figurengruppe und einem goldenen Reliquienschrein, der 1891 von Ärzten und Apothekern des Kreises Prüm gestiftet wurde. Linker Hand des barocken Hochaltars von 1727 steht das Reliquiar mit den Sandalen Christi, die nur zu ganz besonderen Anlässen gezeigt werden, rechts das Steinhochgrab von Kaiser Lothar I., dem Enkel Karls des Großen, der 855 in Prüm starb.

Adresse St. Salvator, Hahnplatz 17, 54595 Prüm, Tel. 06551/147460 | Anfahrt von Köln über A 1 und B 51 | Öffnungszeiten täglich 8–19 Uhr, öffentliche Führung So 11.30 Uhr | Gedenktag 19. Januar | Tipp Es lohnt auch ein Blick auf die alten Abteigebäude rechts und links der 1950 durch Papst Pius XII. zur »Basilica minor« erhobenen St.-Salvator-Kirche.

82 Der hl. Apollinaris

Sprudelwasser und Legende

Wer kennt es nicht? Das Mineralwasser »Apollinaris« aus Bad Neuenahr-Ahrweiler ist in vielen Gegenden des Rheinlandes ein Synonym für Sprudelwasser schlechthin. Seit 1852 sprudelt die Quelle des mittlerweile zum Coca-Cola-Konzern gehörenden Wassers aus einem Weinberg, auf dem partout kein gescheiter Wein gedeihen wollte. Als der Winzer Georg Kreuzberg dem nachging und eine Probebohrung veranlasste, stieß er auf kohlensäurehaltiges Wasser, die Ursache der schlechten Traubenernte. Dann eben Mineralwasser! Und da die Quelle auf dem Pilgerweg zum heiligen Apollinaris von Remagen lag, dem Schutzpatron des Weins, und unweit eines Marterls mit der Figur des Patrons, stand der Name für das prickelnde Kaltgetränk fest: »Apollinaris«! Für viele Menschen ist das Tafelwasser bis heute ein heilendes Mineralwasser.

Der heilige Apollinaris von Ravenna also in Remagen. Hoch oben über dem Rhein, in der zwischen 1839 und 1843 erbauten gleichnamigen Wallfahrtskirche, die anstelle der nach der Säkularisation 1802 baufällig gewordenen Vorgängerkirche errichtet wurde, umgeben von Klostergebäuden und Weinbergen. Seit Jahrhunderten pilgern die Gläubigen zum heiligen Apollinarisberg, wo einst Benediktiner und später Franziskaner lebten.

1164 sollen die Reliquien des um das Jahr 200 gestorbenen Heiligen nach Remagen gelangt sein, als der Kölner Erzbischof Rainald von Dassel mit dem aus Mailand entwendeten Reliquienschatz der Heiligen Drei Könige, zu dem auch die Apollinaris-Reliquie gehörte, per Schiff auf dem Rhein Richtung Köln unterwegs war und das Boot plötzlich auf Höhe Remagens stoppte und sich erst wieder steuern ließ, nachdem der heilige Apollinaris in die Kapelle auf dem damaligen Martinsberg getragen worden war. Bis heute pilgern die Menschen zum Sarkophag in der Krypta, zur Silberbüste mit dem »Heiligen Haupt« des Apollinaris, um von ihm Fürsprache zu erbitten.

Adresse Wallfahrtskirche St. Apollinaris, Apollinarisberg 4, 53424 Remagen, Tel. 02642/2080 | Anfahrt von Köln über A 59 oder A 1 und A 65, Parkplätze an der Kirche | Öffnungszeiten Mai–Sept. 8–20 Uhr, Okt.–April 8–18 Uhr | Darstellung als Bischof mit Ähren oder Keule | Patronat von Remagen, Düsseldorf und Bad Neuenahr; des Weins, gegen Kopfleiden | Gedenktag 23. Juli; jährliche zweiwöchige Apollinariswallfahrt Ende Juli/Anfang August | Tipp Vom üppig angelegten Garten an Kirche und Kloster hat man einen vorzüglichen Blick auf Remagen (jeden Sonntag nach der heiligen Messe von 11.45 bis 16.30 Uhr geöffnet).

83 Die hl. Barbara

Die Heilige im Erzrevier

Das Bergische Land war jahrhundertelang auch eine Bergbauregion. Erz wurde hier zwischen Bensberg, Overath und Rösrath in großem Stil gefördert, die ersten Hinweise stammen aus der Römerzeit. Eine der größten Buntmetallerzgruben war die Grube Lüderich. Die Zentrale des Reviers mit seinen riesigen Erzlagerstätten lag in etwa da, wo sich heute der Golfplatz mit dem alten Förderturm, der von 1837 bis 1978 in Betrieb war, befindet. Die Grube Franziska im nahen Hoffnungsthal, die bis ins Jahr 1250 zurückreichte, wurde 1892 geschlossen. Und immer wieder geschahen in der langen Bergbaugeschichte Unfälle, blieben Kumpel unter Tage, erkrankten Arbeiter an Bleizinkvergiftungen. Am Ende des Mittelalters war es an der Tagesordnung, die heilige Barbara, die Schutzpatronin der Bergleute, anzurufen und gegen Unglück und Tod das »Barbara-Licht« zu entzünden. Barbara, die im 3. Jahrhundert in Nikomedia in der heutigen Türkei geboren wurde, soll der Legende nach von ihrem eigenen Vater, einem reichen Kaufmann, enthauptet worden sein. Das schöne Mädchen hatte alle vom Vater ausgesuchten Männer verschmäht, sich ganz der »jungfräulichen Hingabe an Gott« verschrieben und bei den Hirten und Bergleuten Unterschlupf gesucht.

1693 ließ der Kölner Bürgermeister Johann zum Pütz, der im benachbarten Burghaus wohnte, im »Höllenthal« an der Sülz, dicht an der Grube Lüderich, eine kleine Fachwerkkapelle zu Ehren der heiligen Barbara errichten. Die St.-Barbara-Kapelle, von der seit 2012 im LVR-Freilichtmuseum Lindlar ein originalgetreuer Nachbau steht, ist ein mit einem Barockaltar ausgestatteter Sakralbau, in den gerade mal zwölf Personen passen. Das Fachwerk des knapp sechs Meter langen, mit einem Satteldach nebst Glockenturm versehenen Kirchleins ist aus massivem Eichenholz und hat die Jahrhunderte überdauert. Nach einer Grundsanierung 1988 steht die Kapelle heute unter Denkmalschutz.

Adresse Barbarakapelle Hellenthal, Hellenthal 5, 51503 Rösrath-Hellenthal | **Anfahrt** A4 bis Untereschbach, dann Hoffnungsthaler Straße und Bergische Landstraße, nach etwa 1 Kilometer rechts nach Hellenthal abbiegen, Kapelle linker Hand | **Öffnungszeiten** von außen immer, innen sporadisch; LVR-Museum Lindlar: März–Okt. Di–So 10–18 Uhr, Nov.–Feb. Di–So 10–16 Uhr | **Attribute** Schwert, Fackel | **Patronat** der Bergleute; gegen Fieber und die Pest | **Gedenktag** 4. Dezember | **Tipp** Auf einer Anhöhe weithin sichtbar steht das große Barbarakreuz (Am Hauptschacht).

84 Der hl. Anno

Eigentlich wollten ihn die Kölner nicht

Der um 1010 in eine unbedeutende schwäbische Adelsfamilie hineingeborene Anno stieg zum mächtigsten Kirchenfürsten des hochmittelalterlichen Rheinlands auf. Er galt als ehrgeizig, intrigant, machtbesessen und skrupellos. Gegen den Willen der Kölner wurde er auf Geheiß Kaiser Heinrichs III., unter dessen Regentschaft er Karriere machte, 1056 Erzbischof von Köln, was er für fast 20 Jahre bleiben sollte.

Anno entriss der einflussreichen rheinischen Pfalzgrafenfamilie den Siegberg, auf dem er das Benediktinerkloster Siegburg gründete, brachte nach dem Tod Heinrichs III. in einem »Staatsstreich« gegen die Kaiserpfalz in Kaiserswerth 1062 dessen elfjährigen Sohn und die Kaiserinsignien in seine Gewalt und machte sich damit für einige Jahre zum Reichskanzler. Er mischte sich in die Kirchenpolitik ein, brach mit Rom, tat Abbitte, forcierte Reformen. Er wurde von der Kölner Bevölkerung vertrieben, kam mit bewaffneten Gefolgsleuten zurück und nahm erbarmungslos Rache. Aber Anno machte die Kölner Kirche auch zur reichsten des Reiches, vermehrte ihren Grundbesitz, baute und weihte Kirchen, gründete Klöster wie das in Siegburg, das er zeitlebens mit wertvollen, teilweise geraubten Reliquien vieler Heiliger versah. Hier wurde er 1075 auch beigesetzt.

Dann die Verklärung. Schon die Trauerprozession soll pompös gewesen sein, er habe sich immer um die Armen gekümmert, hieß es, sogar Wunder wurden ihm zugesprochen. Bereits 1183 wurde Anno heiliggesprochen, seine Gebeine in der Abteikirche auf dem Siegburger Michaelsberg gehoben und in einem imposanten Schrein dem dortigen Kirchenschatz zugeführt. Die im 12. und 13. Jahrhundert erbaute dreischiffige Basilika St. Servatius beherbergt auf ihrer Südempore die Kostbarkeiten der 2011 aufgelösten Benediktinerabtei Siegburg. Im Zentrum der wertvollen Tragealtäre, Schreine und Reliquien mit den Gebeinen zahlreicher Heiliger: der Annoschrein.

Adresse St. Servatius, Kirchplatz 3, 53721 Siegburg, Tel. 02241/63146 | Anfahrt von Köln über A 3 oder A 59; Bahn: S 12, S 19 ab Köln oder Bonn, Haltestelle Siegburg/Bonn | Öffnungszeiten Kirche: täglich 8–18 Uhr; Schatzkammer: Mo–Fr 14–17 Uhr; Führungen möglich, Infos unter Tel. 02241/971690 | Patronat von Siegburg; gegen Gicht | Gedenktag 4. Dezember | Tipp Es lohnt ein Besuch der nahen Siegburger Abteikirche St. Michael (täglich 8–20 Uhr).

85 Die hl. Katharina

Der Knochensplitter mit der großen Wirkung

An dieser Katharinen-Reliquie haben sich Wunder ereignet. Ein ums andere Mal soll aus dem winzigen Knochensplitter der Heiligen eine Flüssigkeit ausgetreten sein, die in kleinen Glasfläschchen aufgefangen wurde und von deren wundersamer Wirkung schon Anfang des 14. Jahrhunderts berichtet wurde. Zumindest sorgte die Kunde von der seltsamen Mixtur und den »Katharinenwundern« für ungeahnte Pilgerströme in das 1185 gegründete Gräfrather Kloster und spätere Augustinerchorfrauenstift mit seiner reich ausgestatteten Klosterkirche.

Katharina, diese in Alexandrien reich geborene, dazu wohl hochgebildete und außergewöhnliche 18-jährige Frau, die sich nach einer Marienerscheinung hatte taufen lassen, hatte es Kaiser Maximinus, zu Gast in Alexandrien, angetan. Aber sie schalt ihn nach einem Tempelbesuch seiner Götzenverehrung wegen. Tief beeindruckt von dem schönen Mädchen ließ der Kaiser 50 Gelehrte kommen, um mit der jungen Frau in aller Öffentlichkeit über Religion zu streiten. Katharina aber argumentierte so klar, dass die klugen Männer allesamt zum Glauben übertraten. Der Kaiser ließ die Philosophen hocherzürnt auf dem Scheiterhaufen verbrennen. Katharina wurde daraufhin aufs Verwerflichste gequält, doch keine Folter konnte ihr etwas anhaben. Sie wurde gerädert, die Räder zersprangen. Engel retteten sie ein ums andere Mal. Als dann auch des Kaisers Gemahlin, tief beeindruckt von Katharina, zur Christin wurde, ließ Maximinus Katharina den Kopf abschlagen. Aus der Wunde soll Milch statt Blut geflossen sein, bevor Engel ihren Leichnam auf den Berg Sinai trugen und dort bestatteten. Vom Berg Sinai soll die winzige Reliquie in Gräfrath stammen, die ebenfalls auf wundersame Weise 1309 aus dem dortigen Katharinenkloster ins hiesige Damenkloster gelangte und heute in der Schatzkammer des Klingenmuseums, das in den Räumen des einstigen Stifts residiert, zu sehen ist.

Adresse St. Mariä Himmelfahrt, Klosterhof 3, 42653 Solingen-Gräfrath, Tel. 0212/591149 | **Anfahrt** A 46, Ausfahrt Haan-Ost, Richtung Solingen-Gräfrath; Bahn: RE 4 bis Wuppertal-Vohwinkel, Bus 683 bis Gräfrath | **Öffnungszeiten** Kirche: Mo, Mi 9–12 Uhr, Di, Do–So geschlossen; Klingenmuseum (Klosterhof 4, Tel. 0212/258360): täglich außer Mo 10–17 Uhr, Fr 14–17 Uhr | **Attribute** Rad, Buch, Schwert und Krone | **Patronat** der Jungfrauen, Hochschulen, Philosophen, Redner; bei Zungenkrankheiten | **Gedenktag** 25. November | **Tipp** Das Solinger Klingenmuseum hält dauerhaft den gesamten Gräfrather Kirchenschatz vor, eine der bedeutendsten Sammlungen kirchlicher Goldschmiedearbeiten im Rheinland.

86 Der hl. Reinold

Als die Steinmetze in Streit gerieten

Wer weiß schon, ob es sich so zugetragen hat? Es gibt zahlreiche Legenden um den heiligen Reinold von Köln, der im 10. Jahrhundert als Benediktinermönch im Kloster St. Pantaleon lebte und zum ersten Steinmetz der Kölner Kirchen avancierte. In Köln spielt Reinold heute eigentlich keine Rolle mehr, umso stärker in Dortmund, wo er es sogar zum Stadtpatron gebracht hat. Aber wie kam der heilige Reinold vom Rhein an die Ruhr und wieso über Rupelrath bei Solingen, wo es bis heute die kleine Kapelle St. Reinoldi gibt?

Dem um 900 adelig geborenen Reinold haften zahlreiche Legenden an. Als gesichert aber gilt, dass er als Mönch in der Abtei St. Pantaleon in Köln aktiv war. Und dass er hochkarätige baumeisterliche Qualitäten hatte. So war er zuständig für die Ausführung großer Steinmetzarbeiten an den Kölner Kirchen, vor allem auch am alten Kölner Dom. Er hatte vielfach die Bauaufsicht inne und soll äußerst anspruchsvoll und penibel gewesen sein. Aber Reinold zog auch zunehmend den Zorn seiner Arbeiter auf sich. Als der Mönch wieder einmal während eines Klosteraufenthalts außerhalb Kölns mit den Steinmetzen in Streit geriet, erschlugen diese ihn mit einem Hammer. Auf wundersame Weise soll sein von seinen Häschern in den Rhein geworfener Leichnam wieder aufgetaucht sein, und an seinem späteren Grab sollen sich zahlreiche Wunder ereignet haben. So soll er bei Pest und Fieber geholfen haben.

Am 7. Januar 1056 ließ der Kölner Bischof Anno II. als Geschenk die nahezu vollständigen Gebeine des nunmehr als Märtyrer verehrten Reinold nach Dortmund in die ihm geweihte Reinoldikirche transferieren. Die Kölner Delegation sollte die Reliquien in einem einsamen Waldstück bei Rupelrath an die Dortmunder Glaubensbrüder übergeben. An dieser Stelle entstand später die dem Lokalheiligen geweihte Wallfahrtskapelle St. Reinoldi, die im Zuge der Reformation evangelisch wurde.

Adresse Kapelle St. Reinoldi, Rupelrath 52, 42699 Solingen-Rupelrath, Tel. 0212/22660673 (Evangelische Kirchengemeinde St. Reinoldi-Rupelrath) | **Anfahrt** A 3 von Köln, Ausfahrt Solingen, B 229 Richtung Solingen, auf Wipperauer Straße, dann rechts auf Opladener Straße, rechts abbiegen nach Rupelrath | **Öffnungszeiten** nach Anfrage unter Tel. 0212/22660673 | **Darstellung** als Ritter oder Mönch, mit Hammer und Maurerkelle | **Patronat** von Dortmund; der Steinmetze, Maurer und Bildhauer; gegen die Pest | **Gedenktag** 7. Januar | **Tipp** Die seit der Reformation evangelische Reinoldikirche in Dortmund lohnt einen Besuch. Die meisten Reinoldi-Reliquien wurden im 17. Jahrhundert veräußert.

87__Der hl. Goar

Mirakelberichte und Wundererzählungen

Man kann den Stadtheiligen und Kirchenpatron Goar nur verstehen, wenn man die Reformation mitdenkt. Denn ihm begegnet man in St. Goar am Rhein gleich in zwei Kirchen. Die heutige evangelische Stiftskirche war bis zur Reformation katholisch, ihre Ursprünge reichen bis ins 8. Jahrhundert zurück. In ihrer dreischiffigen romanischen Krypta aus dem 11./12. Jahrhundert stand das Hochgrab des um 575 hier verstorbenen Heiligen – ein jahrhundertelang hochfrequentierter Wallfahrtsort. Doch dann wurde die Wallfahrt zum heiligen Goar verboten, alle Reliquien und Heiligenaltäre wurden abgebaut. Auch die nach rund 120 Jahren katholischer Diaspora neue katholische Pfarrkirche, 1660 dem heiligen Goar geweiht, musste 1892 einer im neugotischen Stil erbauten Kirche weichen. In dieser Kirche wird heute die farbige Grabplatte mit einer lebensgroßen Darstellung des Heiligen von 1340 gezeigt, senkrecht aufgestellt, der wertvollste aller Hinweise auf Goar. Dieser ist aber auch auf der Gewölbemalerei im Seitenschiff der evangelischen Stiftskirche zu sehen, ebenso auf den 1460 entstandenen Glasfenstern in der westlichen Seitenkapelle.

Der um 495 in Aquitanien geborene, aus adeligem Haus stammende Goar kam nach empfangener Priesterweihe jung an den Rhein und errichtete auf Geheiß des Trierer Bischofs eine Klause für Arme und Kranke, angeblich dort, wo heute die Stiftskirche steht. Er soll zahlreiche Wunder bewirkt, ein Schiff vor dem Untergang bewahrt, Menschen mit der Milch von Hirschkühen das Leben gerettet haben. Und er soll sich maßgeblich um den Weinanbau verdient gemacht haben. Dutzende sogenannter Mirakelberichte und Wundererzählungen aus der Zeit von 765 bis 839 berichten von der Faszination des Heiligen, die bis ins 19. Jahrhundert anhielt und den kleinen Ort am Rhein, dessen Patron der Heilige wurde, über die Grenzen hinaus populär machte.

Adresse Stiftskirche St. Goar (evangelisch), Markt 3, 56329 St. Goar, Tel. 06741/7470; Pfarrkirche St. Goar (katholisch), Heerstraße 131, 56329 St. Goar, Tel. 06741/353 | **Anfahrt** A 1 und A 61 von Köln via Bonn | **Öffnungszeiten** Stiftskirche St. Goar: täglich 10–17 Uhr; Pfarrkirche St. Goar: täglich 10–18 Uhr | **Attribute** Kirchenmodell und Buch | **Patronat** von St. Goar; der Winzer und Gastwirte, Schiffer, Töpfer und Ziegelbrenner | **Gedenktag** 6. Juli | **Tipp** Vor der katholischen Pfarrkirche St. Goar steht eine moderne Bronzeskulptur des Heiligen, geschaffen 2003 vom Bildhauer Willy Heinzen.

88 Der hl. Wendelinus

Auf der Durchreise hängen geblieben

Sein kunstvoll drapiertes Skelett im Reliquienschrein über dem Tabernakel, das so hoch platziert ist, dass es die Pilger ehrfurchtsvoll unterschreiten können, um seinen Segen zu erfahren, gehört zu den besterhaltenen Gebeinen des Frühmittelalters und wird anlässlich großer Wallfahrtsjubiläen gezeigt, letztmals im Oktober 2017 zum 1.400 Todestag des 617 verstorbenen Heiligen. Die 1180 erstmals urkundlich erwähnten Reliquien werden in der jährlichen Wallfahrtswoche auf der im 14. Jahrhundert errichteten Tumba inmitten des Chores von St. Wendelin präsentiert. Auf Tumba und Reliquienschrein sind die zwölf Apostel und der Heilige als 13. im Bunde zu sehen. Dass das damals kleine, gerade mal 400 Einwohner zählende Örtchen St. Wendel den Namen des Volksheiligen schon im Jahr 1000 angenommen hat, bezeugt die frühe Verehrung des Heiligen, obwohl sie vorwiegend von Legendenstoffen lebte.

Danach war der um 555 vermutlich in Irland hochherrschaftlich geborene Wendelin, gerade 20-jährig und auf der Rückkehr von einer Pilgerreise nach Rom, die bei der irischen Mönchsbewegung populär war, zwischen Saartal und Hunsrück, nahe dem Bosenberg östlich von St. Wendel, hängen geblieben. Hier soll er als Einsiedler und Viehhirte gelebt und als Glaubensbote, dem zahlreiche Wunder zugeschrieben wurden, gewirkt haben. Schließlich wurde er zum Gründungsabt der Abtei Tholey berufen.

1360 wurden die Gebeine des heiligen Wendelin aus der nahen Kapelle, die über seiner Klause errichtet worden war, in die neu gebaute Wendelskirche nach St. Wendel überführt. Die heutige »Basilica minor«, die Bauteile verschiedener Stilepochen aufweist, entwickelte sich im Mittelalter zu einer der bekanntesten Wallfahrtskirchen. Die Reformation machte dem ein Ende, im 18. Jahrhundert erfuhren die Wallfahrten jedoch eine Renaissance, die bis heute andauert.

Adresse St. Wendelin, Fruchtmarkt 19, 66606 St. Wendel, Tel. 06851/939700 | **Anfahrt** von Trier über A 602 oder B 268 und L 134 | **Öffnungszeiten** täglich 8 – 19 Uhr | **Attribute** als Hirte, mit Schafen und Schweinen, als Pilger | **Patronat** von St. Wendel; der Hirten, des Viehs; gegen Viehseuchen, für Natur- und Umweltschutz | **Gedenktag** 21. Oktober; Wallfahrt zu Pfingsten (Reiterwallfahrt) | **Tipp** Es lohnt auch ein Abstecher zur Wendelskapelle im nahen Wendelstal (Kapellenweg 108).

89__Der hl. Hermann Josef

Der Mystiker unter den Heiligen

Er kam aus Köln und galt zeitlebens als lebensfroher Rheinländer. Vor allem als Seelsorger war er in den der Abtei angeschlossenen Frauenklöstern sehr beliebt. Denn der 1150 in Köln als Sohn einer verarmten Familie geborene und schon mit zwölf Jahren in das gerade gegründete Prämonstratenserkloster Steinfeld aufgenommene Hermann Josef hatte von Kindheit an einen tiefen Bezug zur Muttergottes, der in Visionen einer »mystischen Vermählung« seinen Höhepunkt fand. So soll er schon als Kind immer zum Marienstandbild in der Kölner Kirche Maria im Kapitol gelaufen sein und versucht haben, mit dem Jesuskind zu spielen. Die Legende erzählt, dass Hermann dem Marienstandbild einen Apfel schenkte, den Maria dann dem Jesuskind gereicht haben soll. Diese innige Marienverehrung zog sich durch die gesamte Laufbahn des in Steinfeld zum Chorherrn geweihten Hermann, dem man wegen seiner Mariennähe den Beinamen »Josef« gab. Er soll Hymnen auf Maria verfasst und enthusiastische Predigten gehalten haben, meist mit einem Kelch in der Hand und drei symbolischen Rosen.

Hermann Josef war bei den Menschen beliebt, und so wurde er nach seinem Tod 1241 rasch vom »Hausheiligen« des Klosters zum »Eifelheiligen«. Immer größer wurde der Pilgerstrom zu seinem Grab, an dem sich Wunder und Heilungen vollzogen haben sollen. 1702 wurde Hermann Josef inmitten der Kirche ein mächtiges barockes Hochgrab aus Eifelmarmor und Alabaster errichtet, das den Heiligen mit dem Jesuskind im Arm zeigt und in dem der Reliquienschrein steht. Regelmäßig werden frische Äpfel auf den Sarkophag gelegt. Bis heute ist die Faszination des »Apfelheiligen«, wie Hermann Josef auch genannt wird, ungebrochen. Verehrt wurde der »Hausheilige« des Klosters Steinbach seit Jahrhunderten, 1960 folgte dann seine offizielle Heiligsprechung, und die ehemalige Abteikirche mit seinem Grab wurde zur »Basilica minor«.

Adresse St. Potentinus und Kloster Steinfeld, Hermann-Josef-Straße 4, 53925 Kall-Steinfeld, Tel. 02441/889131, www.kloster-steinfeld.de | **Anfahrt** aus Richtung Köln A 1, Ausfahrt Nettersheim; aus Richtung Aachen/Trier B 258 bis Krekel, Hinweisschildern folgen; Bahn: RB Köln–Trier bis Bahnhof Urft | **Öffnungszeiten** ganztägig | **Attribute** mit Apfel, Kelch mit drei Rosen | **Patronat** der Mütter und Kinder, der Uhrmacher | **Gedenktag** 7. April; am So vor Pfingsten Hermann-Josef-Fest und Reliquienprozession | **Tipp** Hervorstechend in der Basilika ist die fast 2.000 Pfeifen umfassende »König-Orgel« von 1725 mit ihrem barocken Klang, die zu den besten ihrer Art im Rheinland zählt.

90 Der hl. Potentinus

Gewirkt an der Mosel, beigesetzt im Kloster Steinfeld

Vermutlich kamen sie Anfang des 5. Jahrhunderts anlässlich einer Pilgerreise ins heilige Trier und schließlich auf Initiative des Bischofs Maximin nach Cardena, in das heutige Karden, diese winzige Siedlung an der unteren Mosel, in der schon der ebenfalls aus Aquitanien stammende Castor eine kleine Missionsstation errichtet hatte. Potentinus und seine beiden Söhne Felicius und Simplicius schlossen sich Castor an und gründeten eine christliche Gemeinde, aus der sich die bis zur Säkularisation 1802 bestehende Abtei Karden entwickelte, die den Ort zur Blüte führte. Eine Legende aus dem 14. Jahrhundert jedoch machte Potentinus zwischenzeitlich zum Bischof von Paderborn, der beim Versuch, seine christliche Schwester vor den Heiden zu retten, den Märtyrertod durch Pfeilschüsse und Enthauptung erlitt. Die Gebeine des Potentinus, der am Ende des 4. Jahrhunderts in Karden gestorben sein soll, wurden um das Jahr 920 in das gerade gegründete Kloster Steinfeld überführt.

Steinfeld gehörte zu den bedeutendsten Klöstern im Reich und ist auch nach 1.000 Jahren noch eine der besterhaltenen ehemaligen Abteien des Rheinlands. Bis zur Säkularisation 1802 waren hier die Prämonstratenser aktiv, aufgeführt sind lückenlos 44 Äbte. 1923 übernahmen die Salvatorianer das Kloster und die 1150 geweihte, im romanischen Stil errichtete Basilika. Die ganz in Weiß gehaltene Kirche ist dem heiligen Potentinus und seinen beiden Söhnen geweiht, deren Reliquien ebenfalls aus Karden hierher überführt worden waren. Im Zuge der französischen Besatzung gelangte der Schrein des heiligen Potentinus, eine Maastrichter Goldschmiedearbeit aus dem 12. Jahrhundert, 1802 nach Paris, wo er nun im Louvre zu sehen ist. In der Potentinus-Kapelle wird heute nur noch eine Restreliquie aufbewahrt. In einer 1480 geschaffenen lebensgroßen Holzplastik des Meisters Tilman von Köln begegnet man im Mittelschiff der Kirche Potentinus als Ritter mit Lanze und Pfeilen.

Adresse St. Potentinus und Kloster Steinfeld, Hermann-Josef-Straße 4, 53925 Kall-Steinfeld, Tel. 02441/889131, www.kloster-steinfeld.de | **Anfahrt** aus Richtung Köln A 1, Ausfahrt Nettersheim; aus Richtung Aachen / Trier B 258 bis Krekel, Hinweisschildern folgen; Bahn: RB Köln – Trier bis Bahnhof Urft | **Öffnungszeiten** ganztägig | **Attribute** zwei Pfeile | **Gedenktag** 18. Juni | **Tipp** Der Ende des 15. Jahrhunderts entstandene Kreuzgang gilt als »Steinfelder Herrlichkeit«.

91 Der hl. Antonius

Der »Ferkestünn«

Auf Hochdeutsch ist das der »Schweine-Antonius«, aber im Rheinland wird er liebevoll »Ferkestünn« gerufen. Er ist einer der populärsten Heiligen hierzulande, man begegnet ihm in vielen Kapellen und Kirchen, und das kommt nicht von ungefähr.

Wenn vom heiligen Antonius die Rede ist, dann handelt es sich hier um Antonius den Großen, auch Antonius Abbas genannt, einen Einsiedler und Mönchsvater, der um 250 in Ägypten geboren wurde und 355 starb, also der Legende nach über 100 Jahre alt wurde. Reich geboren, wurde er früh zum Einsiedler, lebte arm und abgeschieden und legte durch den Zusammenschluss mehrerer Eremiten den Grundstein für das christliche Mönchsleben (»Vater der Mönche«). Immer aufs Neue widerstand Antonius in der Abgeschiedenheit den Versuchungen und Verführungen des Teufels, der ihn durch irdische Genüsse vom rechten Glauben abbringen wollte. Die Menschen sammelten sich um ihn, und er half ihnen in ihrer Not mit immer neuen Wundern, verteilte Brot (»Antoniusbrot«), heilte Krankheiten (»Antoniuswasser«) – die Basis des späteren Antoniterordens und seiner Hospitäler. Antonius verkörpert volkstümliche Rituale, die bis heute kirchlich vorgehalten werden. Denn die Anrufung des Heiligen soll gegen Tierseuchen und die Pest geholfen haben.

Eine der wenigen dem heiligen Antonius geweihten Kirchen des Rheinlands, die auch über ein Reliquiar verfügen, ist die um 1910 errichtete neugotische Antoniuskirche im winzigen Örtchen Straßfeld im Landkreis Swisttal. Die Kirche steht unweit der Stelle, wo schon im 9. Jahrhundert eine Kapelle war und wo sich auch die abgerissene Nachfolgekirche aus dem 17. Jahrhundert befand, die bis 1803 zum Kölner Antoniterkloster gehörte. Neben einer auf dem Seitenaltar stehenden hölzernen Antoniusfigur aus dem 16. Jahrhundert dominiert eine in den 1930er Jahren erworbene versilberte Monstranz, die die Reliquie des Heiligen vorhält.

Adresse Antoniusstraße 16, 53913 Swisttal-Straßfeld, Tel. 02251/71802 | **Anfahrt** A 61, Ausfahrt Swisttal-Heimerzheim | **Öffnungszeiten** unregelmäßig; zu erfragen bei der Küsterin unter Tel. 02251/71802 | **Attribute** Schwein, Einsiedlerstab, Teufelsfratze | **Patronat** der Haustiere und Bauern; gegen Viehseuchen, Pest und Feuersnot | **Gedenktag** 17. Januar | **Tipp** Die seit circa 1500 bestehende Antoniuskapelle in Oberbolheim im Kreis Düren ist das letzte noch vorhandene Gebäude des 1969 wegen Fluglärms des Fliegerhorstes Nörvenich abgerissenen und umgesiedelten kleinen Ortes.

92 Der hl. Quiriacus

Und im Schlepp den heiligen Auctor

Das noble Trier, reichlich gesegnet mit Heiligen, hatte einen von ihnen einfach outgesourct. Eher zufällig gelangte vor 1.200 Jahren das winzige, an der Saar gelegene Örtchen Taben-Rodt an die Reliquien des heiligen Quiriacus. Und der veränderte das Leben der Menschen grundlegend. Der neue Heilige bestimmte den Ort und schließlich die ganze Gegend. Auch wirtschaftlich. Immer mehr Pilger besuchten sein Grab und die kleine Kirche.

Als der heilige Quiriacus um das Jahr 300 zum Studium nach Trier kam, beherrschten Bischof Agritius, der ihn zum Priester weihte, und Bischof Maximin, der wie Quiriacus aus Aquitanien, dem heutigen Südfrankreich, stammte, das christliche Leben der römischen Kaiserstadt. Nach der Wahl Maximins zum Bischof wurde Quiriacus 330 einer seiner engsten Vertrauten, zuständig für die Betreuung und Seelsorge der Armen, Hilflosen und der Kinder. Quiriacus war bei den Menschen äußerst beliebt, und als er nach seinem Tod am 6. März 350 im Kloster St. Maximin bestattet wurde, strömten immer mehr Menschen an sein Grab. Kinder und Kranke flehten um Fürbitte, immer häufiger sollen sich Heilungen vollzogen haben. Und dann geschah Folgendes: Frankenkönig Pippin brachte anlässlich einer Wallfahrt 768 seinen kranken Enkel an das Grab des Heiligen, der daraufhin geheilt wurde. Zum Dank schenkte der König seine Ländereien in Taben an der Saar dem Kloster St. Maximin, das dort eine Außenstelle einrichtete. Die ersten Mönche brachten als Dreingabe die Gebeine des Quiriacus mit, dessen Popularität der Trierer Mutterabtei ohnehin ein Dorn im Auge war. Zur Tabener Mitgift gehörten auch die Gebeine des heiligen Auctor, eines römischen Märtyrers. In der Quiriacuskirche, die es nachweislich seit 853 gibt, die aber über die Jahrhunderte vielfach verändert wurde, ruhen die Reliquien der Heiligen Quiriacus und Auctor heute am Hauptaltar in einem 1890 gefertigten Holzsarg.

Adresse St. Quiriacus und St. Auctor, Kirchstraße 1, 54441 Taben-Rodt, Tel. 06581/99246 | **Anfahrt** von Trier über B 51 oder B 268 | **Öffnungszeiten** Infos im Pfarrbüro unter Tel. 06581/99246, Di 13.30 – 16 Uhr, Mi 8 – 12 Uhr, Do 8 – 12 Uhr | **Patronat** der Kinder; gegen Kinderkrankheiten | **Gedenktag** 6. März; Reliquienschrein bei der jährlichen Kirmesprozession zu sehen | **Tipp** Unweit der Kirche steht die Mitte des 15. Jahrhunderts erbaute Michaelskapelle auf einem hohen Felsen, von dem aus man einen großartigen Blick auf das Saartal hat.

93 Der sel. Banthus

Wider den heidnischen Aberglauben

Die kleine, um 960 erbaute Banthuskapelle, im Schatten des gewaltigen Trierer Doms und der sich anschließenden Liebfrauenkirche gelegen, aber immer noch innerhalb der riesigen innerstädtischen Kirchenanlage, ist nicht leicht zu finden. Am besten, man fragt beim Verlassen des hinteren Kreuzgangs oder versucht es beim Tor an der Banthusstraße nahe dem Eingang zum Bischöflichen Generalvikariat, dessen Hauskapelle die Banthuskapelle ist. Es sind nicht viele, die sich angesichts der Pracht des Doms und der Fülle an Sehenswürdigkeiten in die eher unscheinbare Kapelle dieses Heiligen verirren. Hier liegen seine Reliquien und teilweise auch die seines ebenfalls heiligen Bruders Beatus. Beide lebten im 7. Jahrhundert als Einsiedler und Priester in Trier und sahen in der Gefolgschaft des damaligen Trierer Erzbischofs Magnerich (573–596) ihre Mission im Kampf gegen den heidnischen Aberglauben.

Der heilige Banthus, der im 7. Jahrhundert das Armenhospiz am Trierer Dom leitete und sich um Kranke und Hilfsbedürftige kümmerte, wurde nach seinem Tod 640 nahe dem Dom beigesetzt. Im 10. Jahrhundert soll über dem Grab die Kapelle gebaut worden sein, die 1124 auf den Namen des Heiligen geweiht und 1744 noch einmal, wie eine Inschrift über dem Eingang zeigt, umgestaltet wurde.

Die Reliquien seines Bruders Beatus, der an der Stelle der späteren Benediktinerabtei St. Marien am Moselufer gelebt haben soll, wo er auch bestattet wurde, kamen im 11. Jahrhundert auf Initiative des Trierer Erzbischofs Poppo in das neu errichtete Benediktinerkloster auf dem nach dem Heiligen benannten Beatusberg in Koblenz. Das Benediktinerkloster wurde schließlich zu einer Kartause, die 1802 von den Franzosen aufgelöst und dann weitgehend zerstört wurde. Nach einer Überlieferung des Abtes Eberwinus von Tholey von 1030 sollen besonders Fieberkranke an die Gräber der beiden Heiligen gepilgert sein.

Adresse Banthuskapelle am Dom, Banthusstraße / Ecke Predigerstraße, 54290 Trier | **Anfahrt** Bus 2, 10, 30, 33, 59, R200, R202, Haltestelle Mustorstraße (Generalvikariat); vom Hauptbahnhof 10 Minuten zu Fuß | **Öffnungszeiten** April – Okt. 6.30 – 18 Uhr, Nov. – März 6.30 – 17.30 Uhr | **Gedenktag** 25. Juli | **Tipp** In der Westkrypta des Doms, auch Blasius-Krypta genannt, stößt man auf einen Reliquienschrein des heiligen Blasius, von dem weitere Reliquien im baden-württembergischen Rheinau und in St. Blasien verehrt werden.

94 Die sel. Blandine Merten

Für Gott und die Menschen

Gleich hinter der Barockkirche St. Paulin, am Südrand des Friedhofs, stößt man auf die 1989 erbaute Grabkapelle der Blandine Merten. Wer war die 1883 im saarländischen Düppweiler geborene Schwester, zu deren schlichtem, mit ihrem Konterfei versehenen Sarkophag, der hinter dem immer blumengeschmückten Altar steht, auch heute noch so viele Menschen pilgern, Kerzen entzünden, im Gebet verharren, den hölzernen Schrein berühren und auf Fürbitte hoffen?

25-jährig trat Blandine, eines von neun Kindern einer Bauernfamilie, christlich aufgewachsen und erzogen, in das Kloster Calvarienberg des Ursulinenordens in Ahrweiler ein. 1913 folgte das ewige Gelübde. Dieses 1630 von den Franziskanern gegründete Kloster hatten nach seiner Auflösung 1803 die Ursulinen übernommen und zu einer Bildungs- und Wallfahrtsstätte gemacht.

Die Vita der Schwester Blandine liest sich unspektakulär, keine Wunder, kein Martyrium im Namen Christi. Aber eine untadelige christliche Lebensführung wurde der Erzieherin und Ordensfrau bescheinigt, vor allem junge Menschen soll die charismatische Lehrerin in einzigartiger Weise zu Gott geführt haben. »Sie tat nichts Außergewöhnliches, aber das alltäglich ihr Aufgegebene tat sie außerordentlich gut«, so das kirchliche Urteil über die Frau, die schon rasch nach ihrem Tod zur »Volks-Seligen« und von Papst Johannes Paul II. 1987 offiziell seliggesprochen wurde. Die vielen in eine Wand seitlich der Kapelle eingelassenen Dankestafeln sind beredtes Zeugnis einer verehrten Person, die vor allem den Armen, Hilfsbedürftigen und Leidenden auch dann noch Trost spendete, als sie selbst schwer an unheilbarer Tuberkulose erkrankte, an der sie 1918 im Trierer Banthus-Kloster starb. Ihre Verehrer pilgern nicht nur zur Blandinen-Kapelle in Trier, sondern auch zu einem Reliquiar der Seligen in der ehemaligen Klosterkirche auf dem Calvarienberg in Ahrweiler.

Adresse St. Paulin, Palmatiusstraße 4, 54292 Trier; Blandine-Merten-Haus, Schöndorfer Straße 37, 54292 Trier, Tel. 0651/27415 | **Anfahrt** Bus 86, Haltestelle St. Paulin | **Öffnungszeiten** Nov.–März 9–16.45 Uhr, April–Okt. 9–19.45 Uhr, So und Feiertage 10–19.45 Uhr | **Gedenktag** 18. Mai | **Tipp** Man begegnet der Blandine Merten auch in der Banthuskapelle auf dem Terrain des Trierer Doms, wo eine Reliquie von ihr in einer Seitenwand eingelassen ist. Eine moderne Skulptur ehrt Blandine Merten im Westchor des Trierer Doms.

95 Der hl. Eucharius

… und dazu der heilige Valerius

Um den vermutlich ersten Bischof von Trier ranken sich viele Legenden. Wahrscheinlich ist, dass der aus dem französischen Lyon stammende Eucharius in der Mitte des 3. Jahrhunderts als Missionar aus Gallien an die Mosel kam, hier auf seinen einheimischen Glaubensbruder Valerius und den intellektuellen Maternus stieß und allen Verfolgungen zum Trotz unbeirrt das Wort Gottes predigte und die Menschen missionierte.

Als ihn die wohlhabende und einflussreiche römische Senatorenwitwe Albana in Trier predigen hörte, flehte sie ihn an, für ihren im Sterben liegenden Sohn zu beten. Zurück in ihrer Landvilla vor den Toren der Stadt, traf sie auf ihren Sohn, der sich vom Sterbelager erhoben hatte und sich bester Gesundheit erfreute. Berauscht von der »Wiedergeburt« ließ sie sich taufen, und Hunderte Trierer taten es ihr nach. Sie bat Eucharius und Valerius in ihr Haus und ließ aus Dankbarkeit eine kleine Kirche errichten. Aus dieser soll sich die christliche Gemeinde Trier entwickelt haben, deren erster Bischof Eucharius wurde. In der Gruft der Albana wurden er und sein um das Jahr 300 gestorbener Nachfolger Valerius beigesetzt.

Bis heute ist St. Matthias die Grabeskirche der beiden lokalen Heiligen, die seit dem 5. Jahrhundert verehrt werden. Um diese Zeit hatte Bischof Cyrillus von Trier deren Gebeine gehoben und in zwei imposanten Steinsarkophagen in der Krypta beisetzen lassen und die Kirche unter das Patronat des Eucharius gestellt, von dem der christliche Gelehrte Gregor von Tours im 6. Jahrhundert meinte, er sei der Beschützer der Stadt Trier vor der Pest gewesen. Als bei Abrissarbeiten für eine neue Kirche der Benediktinerabtei 1127 die zwischenzeitlich in Vergessenheit geratenen Reliquien des Apostels Matthias entdeckt wurden, lief dessen einsetzende Verehrung der der heiligen Bischöfe den Rang ab und machte St. Matthias zu einem hochfrequentierten Wallfahrtsort.

Adresse St. Matthias, Matthiasstraße 85, 54290 Trier, Tel. 0651/17090 | Anfahrt Bus 83, Haltestelle St.-Matthias-Kirche | Öffnungszeiten täglich 8–19 Uhr | Attribute Drache, Höllenhund und Teufel | Patronat von Trier | Gedenktag 8. Dezember | Tipp Die unter der Quirinuskapelle liegende Grabgruft mit dem Sarkophag der Albana aus der zweiten Hälfte des 3. Jahrhunderts kann besichtigt werden.

96 Der hl. Maternus

In Trier und Köln ein »Starbischof«

Das Ensemble des Trierer Doms ist einzigartig und so alt wie die freie Religionsausübung für Christen im römischen Reich durch die von Kaiser Konstantin dem Großen (306–337) erlassenen Toleranzedikte. Die Anfang des 4. Jahrhunderts unter Bischof Agritus (314–329) auf dem Grund des Hauses der Kaisermutter Helena errichtete Basilika mit ihrem Quadratbau ist die größte Kirchenanlage der Spätantike und die älteste Kirche Deutschlands. Und ein Ort wertvollster Reliquien und damit eine der bedeutendsten Wallfahrtsstätten nördlich der Alpen.

Die heilige Helena war es, die von einer Pilgerreise nach Rom den »Heiligen Rock«, die Tunika Christi, nach Trier gebracht haben soll. Diese Reliquie steht im Zentrum aller Pilgerreisen und gilt als einzigartig im katholischen Kanon.

Der Trierer Dom war immer Bischofskirche und hat viele »große« Bischöfe gesehen, deren Gebeine in verschiedenen Krypten ruhen. Einer der bekanntesten Bischöfe Triers war der um 328 gestorbene heilige Maternus, der auch später eine dominante Rolle als erster Erzbischof von Köln gespielt hat, wie es die Lateransynoden von Rom (313) und Arles (314) bezeugen, an denen er als Vertrauter Kaiser Konstantins teilgenommen hat. Immer gab es über die Jahrhunderte eine Rivalität zwischen beiden Bischofssitzen um den Anspruch auf Maternus. Während Köln keine gesicherten Reliquien des Heiligen besitzt, sind diese seit 760 in Trier verbrieft. 1037 wurde die dreischiffige Maternus-Krypta als seine Bischofsgruft geweiht, die Gebeine feierlich dorthin übertragen. Der Bischofsstab des Heiligen, nach der Legende der Stab des heiligen Petrus, wird hingegen in der Kölner Domschatzkammer aufbewahrt. Unweit des goldenen Schreins des heiligen Maternus befindet sich die »Ostkrypta St. Helena«, in der eine bronzene Büste und ein Reliquiar mit einem Stück des Schädels der Heiligen zu sehen sind.

Adresse Dom St. Petrus, Liebfrauenstraße 12, 54290 Trier, Tel. 0651/9790790 | Anfahrt Bus 2, 7, 10, 30, 33, Haltestelle Konstantinbasilika; vom Hauptbahnhof zum Dom 10 Minuten Fußweg | Öffnungszeiten Dom: April–Okt. 8.30–19 Uhr, Nov.–März 6.30–17.30 Uhr | Attribute drei Kirchen, drei Mitren | Patronat gegen Fieber und ansteckende Krankheiten; für das Gedeihen der Weinstöcke | Gedenktag 14. September | Tipp Der Besuch der Domschatzkammer innerhalb des Doms ist ein Muss.

97 Der hl. Matthias

Wie ein echter Apostel nach Trier kommt …

Immer wieder Kaiserin Helena (248–329), die Mutter Konstantins des Großen. Sie soll von einer Reise nach Jerusalem nicht nur den »Heiligen Rock«, das wichtigste Reliquiar des Trierer Doms, mit an die Mosel gebracht haben, sondern mit Hilfe des Trierer Bischofs Agritius auch die Gebeine des Apostels Matthias. Man ahnt, welchen Jubel die Entdeckung der Gebeine, die 1127 überraschend bei Bauarbeiten an der neuen romanischen Abteikirche aufgetaucht sind, bei den Benediktinermönchen ausgelöst haben muss. Schließlich handelte es sich doch um das erste und bis heute einzige Apostelgrab nördlich der Alpen. Die 1148 durch Papst Eugen II. kurzerhand auf den Namen Matthias geweihte romanische Abteikirche mit dem in der Mitte des Hauptschiffes vor die Vierung gesetzten Apostelgrab wurde zur Wallfahrtskirche, die ganze Pilgerströme anzog, von denen das Benediktinerkloster mächtig profitierte, aber auch die Stadt Trier. Die mehrtägige Matthias-Wallfahrt zu Pfingsten steht bis heute fest im Terminkalender der unzähligen »St.-Matthias-Bruderschaften«.

In der noch aus der ottonischen Zeit um 980 stammenden Krypta, über die die neue dreischiffige Basilika mit dem gewaltigen Querhaus und dem mächtigen Turm im 12. Jahrhundert gebaut wurde, sieht man neben den römischen Sarkophagen der ersten Bischöfe Triers den Schrein mit den Gebeinen des heiligen Matthias. Der aus Bethlehem stammende, 63 nach Christus gestorbene Matthias war Mitglied des Apostelkollegiums der Jerusalemer Urgemeinde und ein Mitstreiter Jesu. Er war an die Stelle des Judas Iskariot gerückt, nachdem dieser Jesus verraten hatte, und gehörte zu den 70 von Jesus ausgesandten Jüngern zur Verkündung des Glaubens. Die Gebeine des Apostels in der imposanten Basilika St. Matthias galten lange als Beweis für den Trierer Anspruch auf die Vormachtstellung unter den deutschen Bistümern als »zweites Rom«.

Adresse St. Matthias, Matthiasstraße 85, 54290 Trier, Tel. 0651/17090 | **Anfahrt** Bus 83, Haltestelle St.-Matthias-Kirche | **Öffnungszeiten** täglich 8–19 Uhr | **Attribute** Schwert, Beil, Steine | **Patronat** des Bistums Trier; der Schreiner, Schmiede, Schneider und Bäcker; gegen Pocken, Keuchhusten und eheliche Unfruchtbarkeit | **Gedenktag** 24. Februar | **Tipp** Eine einzigartige Sehenswürdigkeit in St. Matthias ist ein Anfang des 13. Jahrhunderts entstandenes Reliquiar mit den aus Konstantinopel nach Trier gelangten angeblichen Splittern des Kreuzes Christi.

98 Der hl. Paulinus

Im Kampf um den rechten Glauben

Die Paulinus-Basilika ist dem heiligen Paulinus und allen Trierer Märtyrern geweiht. Schon der Gang durch die Ahornallee zur spätbarocken Kirche, die durch ihre Helligkeit und Farbgebung besticht und die eine der beliebtesten Hochzeitskirchen Triers ist, beeindruckt. Man passiert eine moderne Skulptur des Namensgebers und das um das Jahr 1088 entstandene »Märtyrerkreuz«, dort, wo zuvor zahlreiche Gebeine gehoben wurden. Den Märtyrern begegnet man später ebenso wie dem heiligen Paulinus in den Deckenfresken der Kirche.

In der bis heute bestehenden Krypta der Stiftskirche des späteren Klosters St. Paulin – eines Vorgängerbaus der 1757 geweihten Barockkirche – auf dem angeblichen historischen Gräberfeld der Märtyrer der Thebäischen Legion fand man 1072 den teilweise erhaltenen hölzernen Sarg mit den Gebeinen des Paulinus, die im 4. Jahrhundert vom damaligen Bischof Felix gehoben und hierher übertragen worden waren. Felix hatte eine Märtyrerkirche bauen lassen, aus der schließlich St. Paulin hervorging. In den beiden Krypten von St. Paulin, der wichtigsten Trierer Bischofsgrablege, befinden sich die Sarkophage der heiligen Bischöfe Bonosus, Abrunculus und Felix sowie die Trierer Märtyrer. In der Mitte der Krypta: der Paulinus-Sarkophag mit dem dahinterliegenden Paulinus-Altar.

Der am 31. August 358 in Phrygien in der heutigen Türkei in der Verbannung gestorbene Bischof von Trier, der mit dem heiligen Maximinus aus Aquitanien in die Kaiserstadt gekommen und dessen Nachfolger auf dem Bischofssitz geworden war, galt als einer der profiliertesten Würdenträger des Mittelalters. Im sogenannten theologischen Arianismus-Streit verteidigte er auf der Synode von Arles 353 als einziger Bischof die Schriften des Athanasius von Alexandria und wurde daraufhin von seinen Bischofskollegen seines Amtes enthoben und verbannt.

Adresse St. Paulin, Palmatiusstraße 4, 54292 Trier, Tel. 0651/270850 | **Anfahrt** Bus 86, Haltestelle St. Paulin | **Öffnungszeiten** Nov.–März 9–16.45 Uhr, April–Okt. 9–19.45 Uhr, So und Feiertage 10–19.45 Uhr | **Attribute** mit Bischofsgewand, Mitra und Stab | **Gedenktag** 31. August; alljährliches Paulinusfest Ende August; »Märtyrertage« Anfang Oktober | **Tipp** Der originale Heiligenschrein aus Zedernholz mit Inschriften und christlichen Symbolen vom Ende des 4. Jahrhunderts lässt sich heute noch im Rheinischen Museum Bonn bewundern.

99 Der sel. Peter Friedhofen

Vom Schornsteinfeger zum Ordensgründer

Alles begann in Weitersburg bei Koblenz. Der 1819 in ärmlichen Verhältnissen geborene und früh zum Vollwaisen gewordene Peter Friedhofen initiierte 1850 die Gemeinschaft der Barmherzigen Brüder. Die einsetzende Industrialisierung zu Beginn des 19. Jahrhunderts, die sozialen Umbrüche, die Verarmung und Verelendung großer Teile der Bevölkerung in der damaligen Rheinprovinz des Königreichs Preußen ließen den an einer unheilbaren Tuberkulose laborierenden Schornsteinfeger, der als Wandergeselle viel Not und Leid gesehen hatte, zu dem Schluss kommen, sein Leben ganz in den Dienst christlicher Nächstenliebe und notleidender Menschen stellen zu wollen. Bis zu seinem frühen Tod 1860.

Mit 30 Jahren entschied er, mit einigen Gleichgesinnten den Orden der »Barmherzigen Brüder von Maria Hilf« zu gründen, der schon ein Jahr später den Segen der Kirche erhielt. Der »Orden des Schornsteinfegermeisters« zog 1852 in ein eigenes Haus in die Florinspfaffengasse nach Koblenz (heute: Peter-Friedhofen-Haus) und baute dort eine bis heute versteckt liegende Kapelle. Bereits 1853 folgte eine erste Niederlassung in Trier, im »Banthusspitälchen« hinter dem Dom. Schließlich entstand in Trier ein großes Krankenhaus mit angeschlossenem Kloster und eine Pflegeanstalt für psychisch Kranke. 1888 wurde das Mutterhaus des Ordens von Koblenz nach Trier verlegt, als Zentrale der rasant gewachsenen Organisation, zu der heute im In- und Ausland Dutzende bedeutender Krankenhäuser (»Brüderkrankenhäuser«), Fachkliniken und soziale Einrichtungen gehören. Am Rand des Areals der Barmherzigen Brüder in Trier steht die alte Koblenzer Maria-Hilf-Kapelle, einst beliebte Marienwallfahrtsstätte und häufig von Peter Friedhofen besucht, die 1926 vom Rhein an die Mosel in den Garten des Trierer Mutterhauses transferiert wurde. Sie ist heute die zentrale Verehrungsstätte des 1985 seliggesprochenen Peter Friedhofen.

Adresse Maria-Hilf-Kapelle, Peter-Friedhofen-Straße 13, 54292 Trier (im Garten des Krankenhauses der Barmherzigen Brüder Trier, Nordallee 1), Tel. 0651/2080 | Anfahrt Bus 5, 85, Haltestelle Remigiusstraße, Bus 5, 8, Haltestelle Nordallee / Krankenhaus | Öffnungszeiten täglich 8–20 Uhr | Gedenktag 21. Dezember | Tipp Es lohnt ein Blick in die 1889 erbaute Klosterkirche auf dem Gelände des Mutterhauskonvents der Barmherzigen Brüder in Trier.

100 Der hl. Pierre Fourier

Gründer des Welschnonnenklosters

Der 1565 in Lothringen geborene und 1589 in der damaligen Kirche St. Simeon in Trier zum Priester geweihte Pierre Fourier hat sich besonders durch die von ihm erdachten und durchgesetzten Sozialreformen einen unsterblichen Namen in der katholischen Kirche gemacht. Der äußerst gebildete Pierre, der bei den Jesuiten Philosophie, Jura und Theologie studierte, war bereits als 20-Jähriger dem Augustinerchorherrenstift beigetreten. Gemeinsam mit der jungen Alix Le Clerc (1576–1622) gründete er im mehrheitlich calvinistischen Vogesendorf Mattaincourt, seiner Pfarrei, im Geist des heiligen Augustinus 1597 die Congrégation Notre-Dame. Dieser Orden hatte sich zum Ziel gesetzt, soziale Missstände zu beseitigen und vor allem jungen Mädchen aus armen Schichten und sogar aus protestantischen Familien eine umfassende unentgeltliche Bildung zukommen zu lassen. Der neue Orden wurde 1628 von Papst Urban VIII. bestätigt.

1640, im Todesjahr von Pierre Fourier, gründeten die als Welschnonnen (französische Nonnen) bekannten Ordensfrauen in Trier ihre erste Niederlassung und eine kostenfreie Mädchenschule. 1717 ließen die Welschnonnen die hochbarocke einschiffige Kirche für das Kloster und die Schule erbauen. Nach der Säkularisation, die die Augustinerchorfrauen der »Congregatio Beatae Mariae Virginis« mit ihren 90 Häusern und Bildungseinrichtungen schadlos überstanden, kam ihr abruptes Ende im preußischen Kulturkampf 1875. Das Kloster wurde aufgehoben, die Nonnen vertrieben. Die Schule bestand als staatliche Einrichtung fort, die Kirche ist heute im Besitz der »Kongregation der Marianischen Bürgersodalität Trier von 1610«.

Auf dem barocken Altar der Welschnonnenkirche steht die lebensgroße Figur des heiligen Pierre Fourier, der 1730 selig- und 1897 durch Papst Leo XIII. heiliggesprochen wurde. 2010 gelangte eine Reliquie des Heiligen nach Trier, eingebettet in eine goldene Gloriole.

Adresse Welschnonnenkirche, Flanderstraße 1, 54290 Trier, Tel. 0651/99169490 | **Anfahrt** von Dom, Porta Nigra und Hauptbahnhof nur wenige Gehminuten entfernt | **Öffnungszeiten** täglich 8–19 Uhr | **Gedenktag** 9. Dezember | **Tipp** Wer Gelegenheit hat, sollte sich unbedingt ein Konzert auf der einzigartigen »Stumm-Orgel« von 1757 anhören.

101 Der hl. Simeon

»Versteckt« im Trierer Westen

Er ist in Trier eine Größe, und man begegnet ihm allerorten. Als Namensgeber diverser Geschäfte und Lokalitäten, als touristisches Emblem, auf Plaketten und Postkarten. Und dennoch ist von einem der prominentesten Heiligen der Stadt nicht viel geblieben. Wäre da nicht die 1971 geweihte neue Pfarrkirche St. Simeon im Westen der Stadt, die das Grabmal und die Reliquien des Heiligen vorhält. Dieser modernistische, eher unscheinbare und wenig attraktive Betonbau wird nach einem Dekret vom Mai 2019 einer Teilprofanisierung, also einer neuen Nutzung, zugeführt. Dabei soll aber die Krypta für Besucher weiterhin zugänglich sein.

Der um 980 auf Sizilien geborene und in Konstantinopel erzogene Simeon, über viele Jahre Pilgerführer in Jerusalem und Mönch in Bethlehem und auf dem Sinai, gelangte auf einer Europamission nach Trier und lernte Erzbischof Poppo (1016–1047) kennen. Der freundete sich mit ihm an und nahm den gebildeten und sprachgewandten Simeon 1028 mit auf eine Pilgerfahrt ins Heilige Land. Nach der Rückkehr zwei Jahre später dann die Überraschung: Simeon ließ sich spektakulär im Nordturm der Ruine der Porta Nigra einmauern, um dort vollständig zurückgezogen als Einsiedler zu leben, ohne aber den Kontakt zur Außenwelt vollends abreißen zu lassen. Viele Wunder sollen sich in dieser Zeit in der »Simeonsklause« ereignet haben. Nach seinem Tod 1035 wurde Simeon in der Porta Nigra bestattet. Noch im Jahr seines Todes wurde er heiliggesprochen, 1042 ließ Erzbischof Poppo auf und in der Porta Nigra eine Doppelkirche errichten und mit dem Chorherrenstift St. Simeon eine der bedeutendsten Klosteranlagen Triers. Die Säkularisation und Napoleon höchstpersönlich bereiteten während eines Trier-Aufenthaltes der Simeon-Verehrung 1804 ein jähes Ende. Napoleon ließ die Stiftskirche abreißen und die Porta Nigra in ihren alten römischen Zustand zurückversetzen.

Adresse St. Simeon, Reichertsberg 15, 54294 Trier, Tel. 0651/83122 | **Anfahrt** Bus 82, 85, 87, Haltestelle Porta Nigra | **Öffnungszeiten** nach Vereinbarung, Infos im Pfarrbüro unter Tel. 0651/88563 | **Attribute** mit Buch, Palme, in Pilgertracht | **Gedenktag** 1. Juni | **Tipp** In der zugänglichen Simeonsklause in der Porta Nigra gibt es eine eindrucksvolle multimediale Präsentation des Lebens des Heiligen zu sehen. Im Trierer Domschatz sind die originalen Kopfbedeckungen des Eremiten ausgestellt.

102 Der hl. Theodulf

Man fand ihn in den Kaiserthermen

Adelig war er wohl, wie die meisten, die sich in diesen Jahren aus Britannien auf die Wanderschaft ins heilige Rom gemacht haben. Die Legende sagt, er sei der Sohn einer Königstochter gewesen, der in jungen Jahren zwangsverlobt werden sollte. Und da er sich, christlich erzogen, als junger Mann gegen die Ehe entschieden und Keuschheit gelobt hatte, geriet der einflussreiche Vater in Zorn, enterbte ihn und verbannte ihn vom Hof. Theodulf, vermutlich in Schottland geboren und begeistert von den einsetzenden Wallfahrten nach Rom, ging um das Jahr 500 auf Pilgerschaft. Er gelangte in das Gallien des Frankenkönigs Clodwig I. und schließlich nach Trier, wohin ihm auch sein Bruder Theoderich folgte. Ob er Rom je gesehen hat, ist nicht überliefert, wie man ohnehin vom heiligen Theodulf so gut wie nichts weiß. Aber seine Reliquien scheinen gesichert.

Theodolf, der als Einsiedler in den Ruinen des alten Kaiserpalastes gelebt haben soll, muss viele wunderbare Heilungen vollbracht haben. Denn seine Verehrung soll schon rasch nach seinem Tod 511 eingesetzt haben. Seine Gebeine wurden 1250 in einer Kapelle in den Trierer Kaiserthermen gefunden und als Reliquien der damaligen Klosterkirche der Dominikaner übergeben, wo sie jahrhundertelang verehrt wurden. Nach der Säkularisation gelangten sie 1803 in die zwischen 1227 und 1260 von Baumeistern der Champagne und der Île-de-France im Stil der französischen Hochgotik errichtete Liebfrauenkirche, die älteste gotische Kirche Deutschlands. Diese Kirche sollte sich bewusst vom benachbarten, aus der Antike stammenden Dom unterscheiden. Das Mittelschiff der nach den Vorbildern der Kathedralen von Metz und Reims im Grundriss einer »Rose« erbauten Kirche, die 1951 zur päpstlichen »Basilica minor« ernannt wurde, umranken acht Kapellen. In einer dieser Kapellen liegen die Gebeine des Heiligen unter der Mensa eines 1610 geschaffenen Grabaltars.

Adresse Liebfrauenkirche, Liebfrauenstraße 2, 54290 Trier, Tel. 0651/170790 | **Anfahrt** Bus 2, 7, 10, 30, 33, Haltestelle Konstantinbasilika, zu Fuß 10 Minuten vom Hauptbahnhof | **Öffnungszeiten** April–Okt. 10–18 Uhr, Nov.–März 11–17 Uhr | **Gedenktag** 28. Februar (Auffindung der Gebeine) | **Tipp** Der großzügige Kreuzgang zwischen Dom und Liebfrauenkirche ist eine Leistung der Bauhütte der damaligen Stiftskirche.

103 Der hl. Maximin

… und das Grab der Adula von Pfalzel

Die Reliquien des heiligen Maximin findet man heute vor den Toren Triers in Pfalzel. Dort nämlich ruht das Haupt des 330 zum Bischof von Trier geweihten Heiligen gemeinsam mit den Reliquien der Lokalheiligen Adula, der Gründerin und ersten Äbtissin der Benediktinerabtei, in einem Reliquienschrein an der Westseite des Altars hinter einem Gitter. 1037 wurde das Damenstift in ein Kanonikerstift umgewandelt: St. Marien und St. Martin.

Der heilige Maximin wird in Trier mit einem anderen bedeutenden Kloster- und Kirchenkomplex verbunden: St. Maximin, einst eine der wichtigsten Abteien des Mittelalters, erbaut auf der zweiten großen Grablege der Antike nördlich der Porta Nigra, also damals außerhalb der Stadt, wo auch Maximin und sein Vorgänger im 4. Jahrhundert beigesetzt wurden. Das Benediktinerkloster St. Maximin expandierte im Mittelalter zu einer der einflussreichsten deutschen Abteien, gar zur Reichsabtei. Das brachiale Ende von Abtei und Kirche kam nach der Französischen Revolution. Die Aufhebung der Abtei fand 1802 statt, es folgte der Umbau der Kirche zum Pferdestall, zur Schmiede, zur Schule und ab 1815 zur preußischen Kaserne. Seit den 1980er Jahren ist St. Maximin eine Kultur- und Veranstaltungshalle.

Der um 300 in Poitiers geborene und 346 gestorbene Maximin profilierte sich vor allem in der innerkirchlichen Auseinandersetzung um den »rechten Glauben«. Er war auf der Seite der »reinen Lehre und Wahrheit« des heiligen Athanasius, des Bischofs von Alexandrien, der die »Irrlehre des Arius« und seiner Gefolgsleute gegenüberstand. Maximin gewährte Athanasius 336 für zwei Jahre Asyl in Trier und wurde später selbst als »Retter der christlichen Wahrheit« gefeiert. Und dann gibt es noch seine Legende: Während einer Romreise soll ein Bär das Lasttier des Heiligen zerrissen haben, woraufhin der Bär das Gepäck nach Rom und wieder zurück nach Trier schleppen musste.

Adresse St. Marien und St. Martin, Stiftstraße 19, 54293 Trier, Tel. 0651/6037 | Anfahrt von Trier über B 53; Bus 87, Haltestelle Alter Ortskern; vom Bahnhof Pfalzel 10 Minuten Fußweg | Öffnungszeiten 8–18 Uhr | Attribute als Bischof, dem ein Bär das Gepäck trägt | Patronat gegen Gefahren des Meeres, Meineid, Regen | Gedenktag 29. Mai | Tipp Das spätantike Gräberfeld an St. Maximin ist zu besichtigen (Maximinstraße 18B, Tel. 0651/9790792).

104 Die hl. Irmgardis

Reliquien waren ihre Leidenschaft

Vieles ist unklar, wenn es um die heilige Irmgardis geht. Sie rangiert in der Literatur als Wohltäterin, Klostergründerin, Einsiedlerin, Pilgerin. Alles hat in der von Legenden umwobenen Vita der um 1020 auf Burg Aspel bei Rees am Niederrhein als Tochter eines Grafen geborenen Heiligen, die mal mit dem Zusatz »von Süchteln«, dann wieder »von Köln« genannt wird, seinen Platz. Ihre Eltern sind früh gestorben, und die christlich erzogene und zutiefst gläubige Irmgardis soll einen Teil ihres üppigen Erbes Krankenhäusern und Armenstationen geschenkt haben. Schließlich habe sie sich schon früh, so die Legende, als Einsiedlerin in die Süchtelner Höhen zurückgezogen, von wo aus sie im Sinne der Bedürftigen der Gegend gewirkt haben soll. Am Ort der Einsiedelei, dem »Heiligenberg«, wurde ihr zu Ehren 1664 eine Kapelle gebaut. Am Südhang hinter der Kapelle sprudelt der sogenannte Irmgardis-Brunnen, dessen Wasser eine heilende Wirkung nachgesagt wird.

Aber Irmgardis hatte immer auch einen starken Bezug zum katholischen Köln. Sie überschrieb 1041 die heimatliche Burg Aspel als Schenkung dem Erzbistum Köln und engagierte sich als Wohltäterin der Kölner Abtei St. Pantaleon, die ihr Bruder leitete. Und sie liebte die Pilgerschaft. Drei große Reisen soll Irmgardis zu den heiligen Stätten in Rom unternommen haben. Und von allen Pilgerreisen brachte sie ein Bündel wertvoller Reliquien legendärer Heiliger mit an den Rhein, mit denen sie den Kölner Dom bedachte. Darunter: Teile des Kopfreliquiars des heiligen Papstes Silvester I. Nach ihrem Tod 1085 wurde Irmgardis im von ihr so reich beschenkten Kölner Dom in einem Reliquiengrab beigesetzt. 1319 wurde ihr Sarkophag in die mit wertvoller Freskenmalerei versehene Agneskapelle des Doms gehoben. 1864 soll aus dem Reliquienbehälter in Köln ein Wirbelknochen als Geschenk nach Süchteln gelangt sein.

Adresse Wallfahrtskapelle St. Irmgardis, 41749 Viersen-Süchteln, Tel. 02162/6220 | **Anfahrt** über Hindenburgstraße, Parkmöglichkeiten am Sportplatz Süchtelner Höhe (Hindenburgstraße 101), fußläufig Richtung Wald erreichbar | **Öffnungszeiten** Infos im Katholischen Pfarrbüro St. Clemens (Ostring 22) unter Tel. 02162/6220 | **Attribute** als Pilgerin mit Stab, als Jungfrau mit Stirnreif | **Patronat** von Süchteln; des Obstanbaus; gegen Krankheiten und Viehseuchen | **Gedenktag** 4. September; Irmgardis-Oktav erste Septemberwoche | **Tipp** Im Zuge der jährlich im September in Süchteln stattfindenden »Appelstaten-Kirmes« erhalten Wallfahrer traditionell die Apfeltörtchen (»Appelstaten«).

105 Die hl. Walburga

Hoch droben auf dem »Mons Sanctae Walburgis«

Wie ihre heiligen Brüder Willibald und Wunibald widmete auch die um 710 in England als Tochter des Adeligen Richard von Wessex geborene Walburga ihr Leben der Verbreitung des Christentums. 750 verließ sie auf Geheiß ihres Onkels, des heiligen Bonifatius, das südenglische Kloster Wimborne und machte sich auf den Weg ins heutige Deutschland. Zuerst lebte sie als Nonne im Kloster Tauberbischofsheim und ab 752 im von ihrem Bruder Wunibald gegründeten mittelfränkischen Benediktinerkloster Heidenheim, deren Äbtissin sie 761 wurde. Sie baute das Kloster zu einem Zentrum spirituellen Lebens und der Missionierung Süddeutschlands aus. Hier starb sie 779.

1069 ließ der Kölner Erzbischof Anno II., ein großer Verehrer der am 1. Mai 870 durch Papst Hadrian II. heiliggesprochenen Walburga, Reliquien aus dem Kloster Eichstätt im Altmühltal, wo sie beigesetzt war, in die im 11. Jahrhundert errichtete Kirche des zwischen Köln und Bonn gelegenen Dörfchens Berg überführen, die schließlich zu einem bedeutenden Zisterzienserkloster erweitert wurde. Auf den »Mons Sanctae Walburgis«, der später in Walberberg umbenannt und zu einem bedeutenden Wallfahrtsort wurde. Bei den Reliquien, die heute in der »Heiltumskammer« im Obergeschoss eines Seitenschiffs der Kirche zu sehen sind, eingefasst in eine barocke Strahlenmonstranz, soll es sich um die Hirnschale der heiligen Walburga und um ihren Wanderstab handeln.

Der heiligen Walburga wurden zahlreiche Wunder zugesprochen. Vor allem aber soll immer wieder ein bestimmtes Öl aus dem Reliquienschrein getropft sein, dem eine starke heilkräftige Wirkung nachgesagt wurde und das in Fläschchen abgefüllt als »Walpurgisöl« Furore machte. Auch die legendäre »Walpurgisnacht« vom 30. April auf den 1. Mai geht auf die Übertragung ihrer Gebeine in das Kloster Eichstätt und die damit verbundene Kanonisation der Heiligen zurück.

Adresse St. Walburga, Walburgisstraße 26, 53332 Bornheim-Walberberg, Tel. 02227/3337 | **Anfahrt** A 1 und A 553, Ausfahrt Brühl, abbiegen auf Walberberger Straße und Frongasse bis Walburgisstraße (Bornheim); Tram 18 zwischen Köln und Bonn, Haltestelle Walberberg | **Öffnungszeiten** täglich 8–18 Uhr | **Attribute** als Äbtissin mit Ölfläschchen, mit Stab und Buch | **Patronat** der Bauern und Haustiere; gegen bissige Hunde, Tollwut und Pest | **Gedenktag** 25. Februar | **Tipp** Nahe der Kirche steht der »Hexenturm« aus dem 12. Jahrhundert, ein 21 Meter hoher Rundturm, der einst zur ehemaligen Burg- und Hofanlage gehörte.

106 Die sel. Rosa Flesch

Auch im Dom zu Trier wird sie geehrt

4. Mai 2008. Trier, Hoher Dom. In einer fulminanten Messe, die alles aufbot, was die katholische Kirche bei großen Anlässen vor den Altar bringt, zelebrierten die höchsten Würdenträger der Erzdiözese die Seligsprechung einer herausragenden Persönlichkeit. Ihr zu Ehren wurde 2015 in einer barocken Nische des Westchors des Hohen Doms, in der einst eine verlorenen gegangene Apostelfigur stand, eine fast lebensgroße Skulptur aufgestellt, die die Selige als junge Frau zeigt, geschaffen von der Bildhauerin Elisabeth Wagner. Mutter Rosa ist barfüßig und aufrecht dargestellt, mit einem Kleid aus Wellpappe, so wie es die Ärmsten trugen. In ihren Händen: ein kleines Klostergebäude.

Mutter Rosa, das war die 1826 in Schönstatt bei Vallendar in einfache Verhältnisse geborene Rosa Flesch, die schließlich die Gründerin der Waldbreitbacher Franziskanerinnen wurde. Zuerst lebte sie mit zwei Gefährtinnen als Eremitin in einer ärmlichen Klause der Kreuzkapelle bei Waldbreitbach. Schließlich in einem selbst erbauten »Marienhaus« auf einer Anhöhe östlich der Wied, wo sie sich aufopferungsvoll um die Kranken, Armen und Waisenkinder der Gemeinde kümmerte. Gegen anfänglich erhebliche Widerstände des örtlichen Klerus erhielten die Frauen 1863 die Weihen zur Gründung ihrer Ordensgemeinschaft, deren Mutterhaus das Kloster Marienhaus blieb, auch als der Orden im Jahr ihres Todes 1906 bereits über 900 Schwestern zählte. Maria Rosa, so ihr Ordensname, wurde schließlich die erste Generaloberin der Franziskanerinnen und trug fortan den Zusatz »Mutter«. Der Orden, der sich 1903 gesellschaftsrechtlich neu organisierte, ist heute, unter der Leitung des Hauptsitzes des Sankt Marienhauses in Waldbreitbach, verantwortlich für 60 Einrichtungen überwiegend in der Kranken- und Altenpflege mit 500 Schwestern und rund 12.000 Beschäftigten. Mutter Rosas Sarkophag steht in der Mutterhauskirche in Waldbreitbach.

Adresse Waldbreitbacher Franziskanerinnen, Margaretha-Flesch-Straße 8, 56588 Waldbreitbach, Tel. 02638/810 | **Anfahrt** aus Köln A 3, Ausfahrt Bad Honnef-Linz oder Neustadt-Fernthal; aus Bonn Autofähre Kripp-Linz oder Bad Breisig-Bad Hönningen, B 42 bis Bad Hönningen, dann Richtung Waldbreitbach | **Öffnungszeiten** Mutterhauskirche: täglich 10 – 18 Uhr | **Gedenktag** 19. Juni | **Tipp** Es lohnt sich, den Waldbreitbacher Klosterberg mit der Mutterhauskirche näher zu erkunden.

107 Der hl. Laurentius

Der schreckliche Tod des Stadtpatrons

Die zwischen 1828 und 1835 erbaute Pfarrkirche St. Laurentius ist untrennbar mit dem Beginn des industrialisierten Zeitalters verbunden und dem rasanten Aufstieg des protestantisch geprägten Wuppertals zur Arbeiterstadt, vor allem des Stadtteils Elberfeld. Die alte Kirche von 1732 war wegen des großen Zuzugs arbeitssuchender Katholiken zu klein geworden, die ursprüngliche katholische Stadtkirche lange zuvor zum evangelischen Glauben reformiert worden. Elberfeld zerbarst am Arbeiterzustrom, Fabrikarbeiter lebten in petroleumbeleuchteten Elendsquartieren fernab der Villenviertel, die gesellschaftlichen Widersprüche explodierten.

Die neue Kirche sollte Halt geben, der Heilige Orientierung. Der aus Spanien stammende Laurentius, einer der »Großen« Roms aus frühchristlicher Zeit, war Archidiakon von Papst Sixtus II. und damit verantwortlich für den Kirchenschatz. Nach der Hinrichtung des Papstes durch Kaiser Valerian verlangte dieser die Herausgabe des Kirchenguts. Laurentius aber verteilte den Schatz heimlich an die Armen und Kranken. Dann trat er mit allen Blinden, Stummen und Lahmen Roms vor den Kaiser und verkündete, dass diese Menschen der wahre Reichtum der Kirche und des Himmels seien. Der Kaiser ließ Laurentius 258 grausam zu Tode foltern und auf einem Rost lebendig verbrennen. Dem Märtyrer zu Ehren baute Kaiser Konstantin schon 330 über seinem Grab die Kirche »San Lorenzo fuori le mura«. Und auch in Deutschland verbreitete sich der Laurentiuskult.

Einer der frühen Kaplane an St. Laurentius war von 1845 bis 1849 Adolph Kolping, der hier den sozial tätigen katholischen Elberfelder Gesellenverein kennenlernte, der die Grundlage für das von ihm später gegründete internationale Kolpingwerk bildete. In St. Laurentius, der größten klassizistischen Kirche des Rheinlands, begegnet man dem Heiligen mit Märtyrerpalme und Feuerrost in einer Skulptur aus dem 18. Jahrhundert.

Adresse St. Laurentius, Friedrich-Ebert-Straße 22, 42103 Wuppertal, Tel. 0202/371330 | **Anfahrt** A 4, Ausfahrt Katernberg, dann Richtung Elberfeld; 15 Minuten Fußweg vom Wuppertaler Hauptbahnhof | **Öffnungszeiten** täglich 11–19 Uhr | **Attribute** Kelch mit Goldstücken, Geldbeutel, Brote, Rost, Märtyrerpalme | **Patronat** von Wuppertal; der Armen, der Köche; gegen Feuersbrunst | **Gedenktag** 10. August | **Tipp** Man sollte einen Blick auf das 2012 vom Wuppertaler Künstler Marko Leckzut geschaffene Graffito mit Szenen aus dem Leben und Martyrium des heiligen Laurentius hinter der Kirche werfen.

108 Der hl. Salmanus

Die Nummer eins bei Atemwegserkrankungen

Er habe das Schwert gegen den Pilgerstab getauscht, heißt es. Sich stattdessen der Ausbreitung des Christentums gewidmet und darin seine Mission gesehen. Gemeinsam mit dem heiligen Jodokus soll der aus Asturien stammende Salmanus im 7. Jahrhundert nach Rom gepilgert und dann auf dem Rückweg in Dobach, einem Ortsteil von Würselen, hängen geblieben sein. Hier habe er als Einsiedler gelebt, sein kriegerisches Leben abgelegt, sich ganz der Missionsarbeit hingegeben. Man weiß wenig über Salmanus, alles wurde über die Jahrhunderte nur kolportiert. Er soll heilende Kräfte besessen und den Menschen, die hier immer mit Brennbarem und Kohle zu tun hatten, geholfen haben, wenn sie Atembeschwerden und schweren Husten hatten. Dass Salmanus schließlich im Dienst an den Kranken und Armen selbst an einer Atemwegserkrankung gestorben sein soll, ließ sein Licht noch heller scheinen.

Über seinem vermeintlichen Grab wurde ihm zu Ehren im 14. Jahrhundert eine Kapelle errichtet, die zum stark frequentierten Wallfahrtsort wurde, der durch die Industrialisierung und den Bergbau im Aachener Revier mit vielen »Staublungen« einen weiteren Zulauf erlebte und Würselen über die engen Grenzen hinaus bekannt machte. Großes Entsetzen, als 1818 die Salmanuskapelle abgebrochen wurde. Doch die Reliquien des Ortsheiligen wurden gehoben, das Haupt nach St. Lucia ins benachbarte Broichweiden verbracht. Dort wurde das Kopfreliquiar in den Wirren des Weltkriegsendes gestohlen. Einige Reliquien des heiligen Salmanus gelangten aber in die Pfarrkirche St. Sebastianus, eine auf das Jahr 870 zurückgehende Kirche, deren romanischer Turm aus der zweiten Hälfte des 12. Jahrhunderts in die 1725 neu gebaute dreischiffige Kirche einbezogen wurde. Auch heute noch stehen immer wieder Menschen mit Husten und Lungenkrankheiten vor dem »Schaureliquiar« des Salmanusaltars und halten Fürbitte.

Adresse St. Sebastian, Sebastianusstraße 26, 52146 Würselen, Tel. 02405/426290 | **Anfahrt** von Köln über A 4, von Aachen über B 57 | **Öffnungszeiten** täglich 10–17 Uhr | **Patronat** gegen Atemwegserkrankungen | **Gedenktag** 1. Sonntag im Mai | **Tipp** 1902 wurde am früheren Standort der Salmanuskapelle, am heutigen Salmanusweg, ein Wegkreuz errichtet.

109_Der hl. Norbert

Ein Blitzschlag und der Lebenswandel

Für einen Geistlichen soll er ein recht lockeres Leben geführt haben. Schon früh kam der um 1085 in Xanten als zweiter Sohn der Adelsfamilie von Gennep reich geborene Norbert ins Stift Xanten. Der ältere Bruder sollte das Gut übernehmen, Norbert eine geistliche Laufbahn einschlagen. Der wohlhabende Kanoniker führte ein munteres Leben, denn Privateigentum und Geld standen in keinem Gegensatz zu den Prinzipien des Stifts. Er trat in den Dienst des Kölner Erzbischofs Friedrich I., wurde geistlicher Berater und Almosenverwalter Kaiser Heinrichs V., führte aber weitgehend ein weltliches Leben.

Dann der radikale Sinneswandel hin zur Askese. Ein verheerender Blitzschlag riss ihn 1115 vom Pferd und hätte ihn beinahe getötet. Er gelobte Buße, verschenkte seinen Besitz und ging für zwei Jahre in die Abtei Siegburg. Dort wurde er zum Priester geweiht und kam zurück nach Xanten. Als er begann, strengere Kirchenregeln einzuklagen, wurden seine Ideen zunehmend abgewiesen. Norbert verließ Xanten 1118 und zog als Eremit, Wander- und Bußprediger durch Deutschland, Belgien und Frankreich. Im französischen Prémonte gründete er 1120 schließlich den an den strengen Regeln des Augustinus orientierten Prämonstratenserorden, kämpfte gegen Irrglauben und Gotteslästerung. Auf dem Reichstag 1126 wurde er zum Bischof von Magdeburg berufen und war treibender Geistlicher bei der Christianisierung der slawischen Bevölkerung im Osten. Norbert wurde 1582 von Papst Gregor XIII. selig- und 1621 von Papst Gregor XV. heiliggesprochen.

2006 hat der heilige Norbert wieder Einzug gehalten in den Dom zu Xanten. In der aufwendig restaurierten Sakramentskapelle, der früheren, 1544 geweihten Heilig-Geist-Kapelle im nördlichen Seitenschiff des Doms, liegt unterhalb einer ihn zeigenden Figur mit Kreuzstab und Kirchenmodell im neu gestalteten Schrein seine Reliquie.

Adresse Dom St. Viktor, Kapitel 8, 46509 Xanten, Tel. 02801/71310 | **Anfahrt** von Köln über A 57 | **Öffnungszeiten** März–Okt. Mo–Sa 10–18 Uhr, So 12.30–18 Uhr, Nov.–Feb. Mo–Fr 12–17 Uhr, Sa 10–17 Uhr, So 12.30–18 Uhr | **Attribute** leuchtende Monstranz, Kelch, Kirchenmodell | **Patronat** des Magdeburger Landes | **Gedenktag** 6. Juni | **Tipp** Im Stiftsmuseum wird Norberts Wirken lebendig. Auf dem Marktplatz von Xanten wacht der Heilige mit erhobenem Zeigefinger auf einer Säule über dem Norbertbrunnen.

110 Der hl. Viktor

Der Namensgeber des Doms von Xanten

Immer wieder Helena. Die Mutter Konstantins des Großen, die schon nach ihrem Tod 330 als Heilige verehrt wurde, ließ im römischen Legionslager Xanten auf der Grablege des für seinen christlichen Glauben gestorbenen Märtyrers Viktor, der Soldat einer Kohorte der legendären Thebäischen Legion gewesen war, die sich geweigert hatte, den römischen Göttern zu huldigen, eine »Cella Memoriae« und eine kleine Kirche bauen. Aus diesen Anfängen entstand im Laufe der Jahrhunderte der Dom zu Xanten, diese imposante fünfschiffige Basilika mit ihrer mächtigen Doppelturmfassade, die in ihrem heutigen Erscheinungsbild zwischen 1263 und 1544 entstanden ist. Mit der Säkularisation 1802 wurde das im 8. Jahrhundert gegründete Stift aufgelöst, der Dom zur Pfarrkirche.

1933 stießen Archäologen bei Grabungen auf ein Doppelgrab aus der zweiten Hälfte des 4. Jahrhunderts, das als Grabstelle des heiligen Viktor und eines Gefährten bezeichnet wurde. Beide sollen dort von Kaiserin Helena nach deren Auffinden im damaligen Sumpfgebiet im nahen Xantener Ortsteil Birten beigesetzt worden sein. Im frühen Mittelalter hieß es, das zweite Grab sei das des heiligen Mallosus, eines Gefährten Viktors aus der Legion. Im 12. Jahrhundert wurde Mallosus in Xanten vergessen, er wurde aber letztendlich als Gefährte der Märtyrer Cassius und Florentius in Bonn angesehen. Heute kann die vermeintliche Grabstelle Viktors in der Krypta besucht werden, die 1966 zur Verehrung der christlichen Widerstandskämpfer und Opfer des Naziregimes erweitert wurde, unter anderem mit dem Sarkophag des 1996 seliggesprochenen Karl Leisner.

Offiziell werden die Reliquien des heiligen Viktor seit dem 12. Jahrhundert in einem Schrein aufbewahrt, der heute am Hochaltar steht. Skulpturen und Bildern der Heiligen Helena und Viktor begegnet man im Dom an den Arkaden und in den Fenstern.

Adresse Dom St. Viktor, Kapitel 8, 46509 Xanten, Tel. 02801/71310 | **Anfahrt** von Köln über A 57 | **Öffnungszeiten** März – Okt. Mo – Sa 10 – 18 Uhr, So 12.30 – 18 Uhr, Nov. – Feb. Mo – Fr 12 – 17 Uhr, Sa 10 – 17 Uhr, So 12.30 – 18 Uhr | **Patronat** von Xanten | **Gedenktag** 10. Oktober | **Tipp** Sehenswert: Das Stiftsmuseum Xanten direkt neben dem Dom. Dazu seitlich des Doms der Kalvarienberg mit der Kreuzigungsgruppe von 1525.

111 Der hl. Alderikus

Vom Schweinehirten zum Haus- und Volksheiligen

Dieses Wasser hat es in sich. Die kleine, weit draußen auf freiem Feld vor Füssenich nordwestlich von Zülpich von einer riesigen Rosskastanie beschattete Kapelle steht auf legendärem Quell. Der 1180 in Frankreich adelig geborene Alderich, oder auch Alderikus genannt, war es, der hier, als er die Schafe hütete, Wundersames vollbrachte. Lange hatte es keinen Regen gegeben, der Boden war trocken, die Tiere waren durstig, er selbst wurde vom Fieber geschüttelt. Als er mit seinem Hirtenstab, der Legende nach auf Geheiß Gottes, mehrmals in den Boden stieß, sprudelte plötzlich Trinkwasser hervor, tat sich ein Quell auf, der bis heute nicht versiegt ist. Immer noch kommen Kenner hierher, die dieses Wasser in Flaschen abfüllen, dem eine heilsame Wirkung nachgesagt wird, das aber vor allem köstlich schmeckt.

Der junge Alderikus war nach Köln gepilgert und Laienbruder geworden. Er arbeitete »in Gottes Namen« als Diener, Schaf- und Schweinehirte im 1147 gegründeten Kloster St. Nikolaus des Prämonstratenserordens in Füssenich. Alderikus, der ein Sohn des französischen Königs gewesen sein soll, starb um 1200 mit gerade einmal 20 Jahren. Doch die Kunde vom Quellwunder auf dem Feld verbreitete sich rasch und hielt sich über die Jahrhunderte.

Endgültig zum lokalen Heiligen stieg Alderikus auf, als seine Gebeine 1642 nach Zülpich übertragen wurden, wo sie heute prominent in einem schwarzen Sarkophag in der Pfarrkirche St. Nikolaus liegen. Über dem »Alderikus-Pütz« wurde eine kleine Kapelle gebaut, die zu einem populären Wallfahrtsort wurde und auch heute an Faszination nichts eingebüßt hat. In einem kleinen Marterl, einem Heiligenhäuschen, gleich neben der Kapelle ist hinter einem Gitter die Geschichte des heiligen Alderikus, der 1625 erstmals im Heiligenverzeichnis des Prämonstratenserordens genannt wird, bildlich verewigt.

Adresse St. Nikolaus, St.-Nikolaus-Straße 1, 53909 Zülpich-Füssenich, Tel. 02252/3326; Sankt-Alderikus-Kapelle, 53909 Zülpich-Füssenich | **Anfahrt** von Köln über A 1 und B 265, dann B 56 Richtung Ortskern über Brüsseler Straße, im Ort links in die Brunnenstraße, danach zweite Straße rechts zur Kapelle | **Öffnungszeiten** vor und nach den heiligen Messen: So 18.30 Uhr, alle 14 Tage Do und Fr 9 Uhr | **Gedenktag** 6. Februar | **Tipp** Rund um Füssenich gibt es weitere Kapellen, unter anderem die des heiligen Rochus und die der heiligen Brigida in Geich.

1
Bocholt
Borken
Kleve
Rhein
Dülmen
Hamminkeln
Haltern am See
Goch
Wesel
Dorsten
Marl
Xanten
Recklinghausen
Kevelaer
Herten
Gladbeck
Dinslaken
Castrop-Rauxel
Herne
Geldern
Bottrop
Gelsenkirchen
Oberhausen
Moers
Bochum
Duisburg
Mülheim an der Ruhr
Essen
Hattingen
Witten
Kempen
Hagen
Nettetal
Krefeld
Velbert
Ratingen
Wuppertal
Willich
Meerbusch
Viersen
Düsseldorf
Neuss
Mönchengladbach
Hilden
Solingen
Remscheid
Erkelenz
Dormagen
Langenfeld (Rhld.)
Heinsberg
Grevenbroich
Leverkusen
NORDRHEIN-WESTFALEN
Pulheim
Bergisch Gladbach
Bergheim
Köln
3
Baesweiler
Jülich
Overath
Frechen
Rösrath
Eschweiler
Kerpen
Hürth
Troisdorf
Aachen
Düren
Erftstadt
Brühl
Siegburg
Stolberg (Rhld.)
Bornheim
Hennef (Sieg)
Sankt Augustin
Bonn
Zülpich
Euskirchen
Bad Honnef
Mechernich
Rheinbach
Bad Neuenahr-Ahrweiler
Remagen
Bad Münstereifel
Neuwied
Andernach
Mayen
N
0
7,5 km
A43
A31
A3
A57
A40
A1
A46
A4
A61

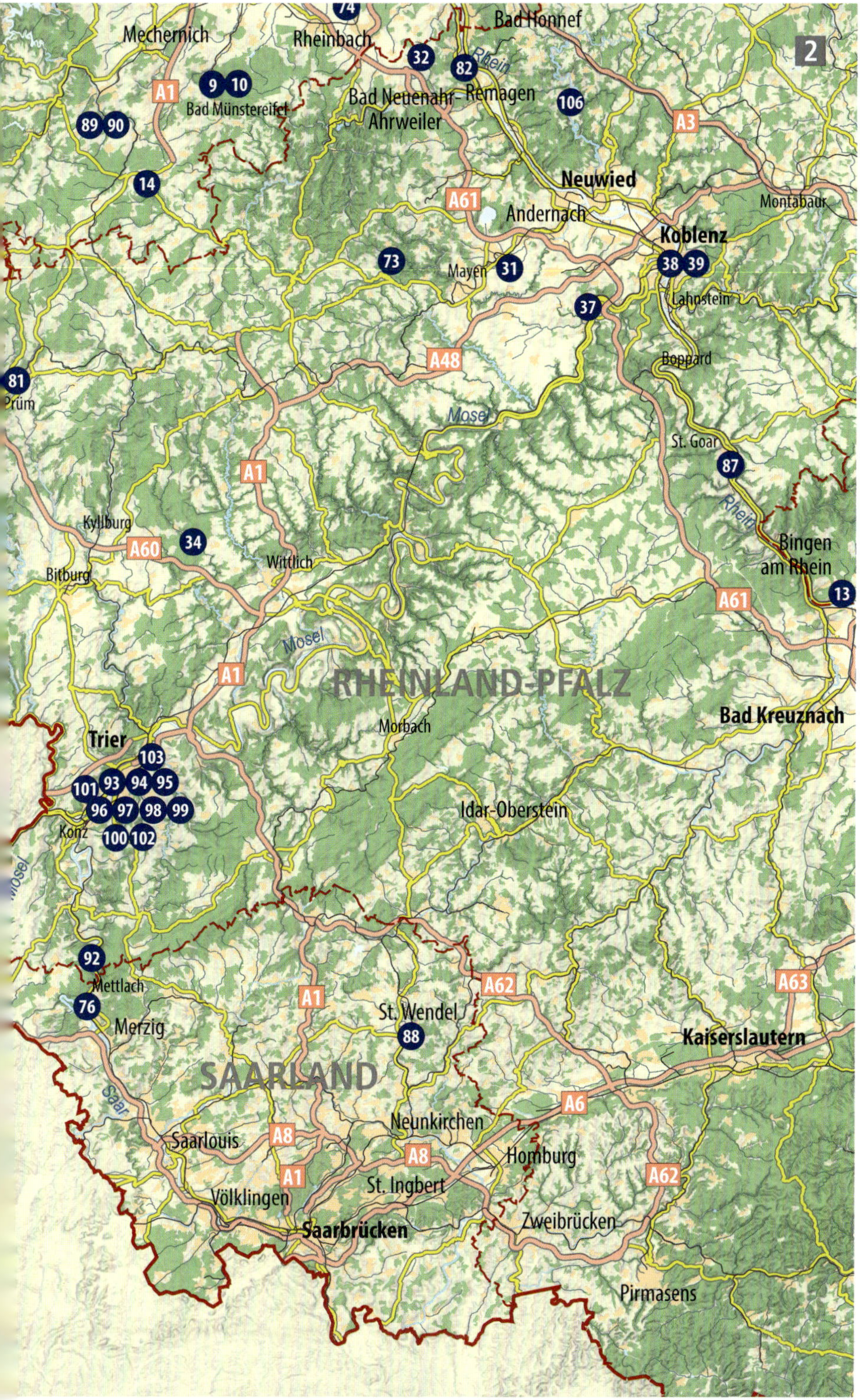
2
Mechernich
Rheinbach
Bad Honnef
Rhein
Bad Münstereifel
Bad Neuenahr-Ahrweiler
Remagen
A1
A3
A61
Neuwied
Andernach
Montabaur
Koblenz
Mayen
Lahnstein
A48
Boppard
Prüm
Mosel
St. Goar
A1
Rhein
Kyllburg
A60
Wittlich
Bitburg
Bingen am Rhein
A61
Mosel
A1
RHEINLAND-PFALZ
Bad Kreuznach
Trier
Morbach
Idar-Oberstein
Konz
Mosel
Mettlach
A62
A63
A1
St. Wendel
Merzig
Kaiserslautern
SAARLAND
Saar
A6
Neunkirchen
Saarlouis
A8
A8
Homburg
A1
A62
St. Ingbert
Völklingen
Zweibrücken
Saarbrücken
Pirmasens
74
32
82
9
10
106
89
90
14
73
31
38
39
37
81
87
34
13
103
101
93
94
95
96
97
98
99
100
102
92
76
88

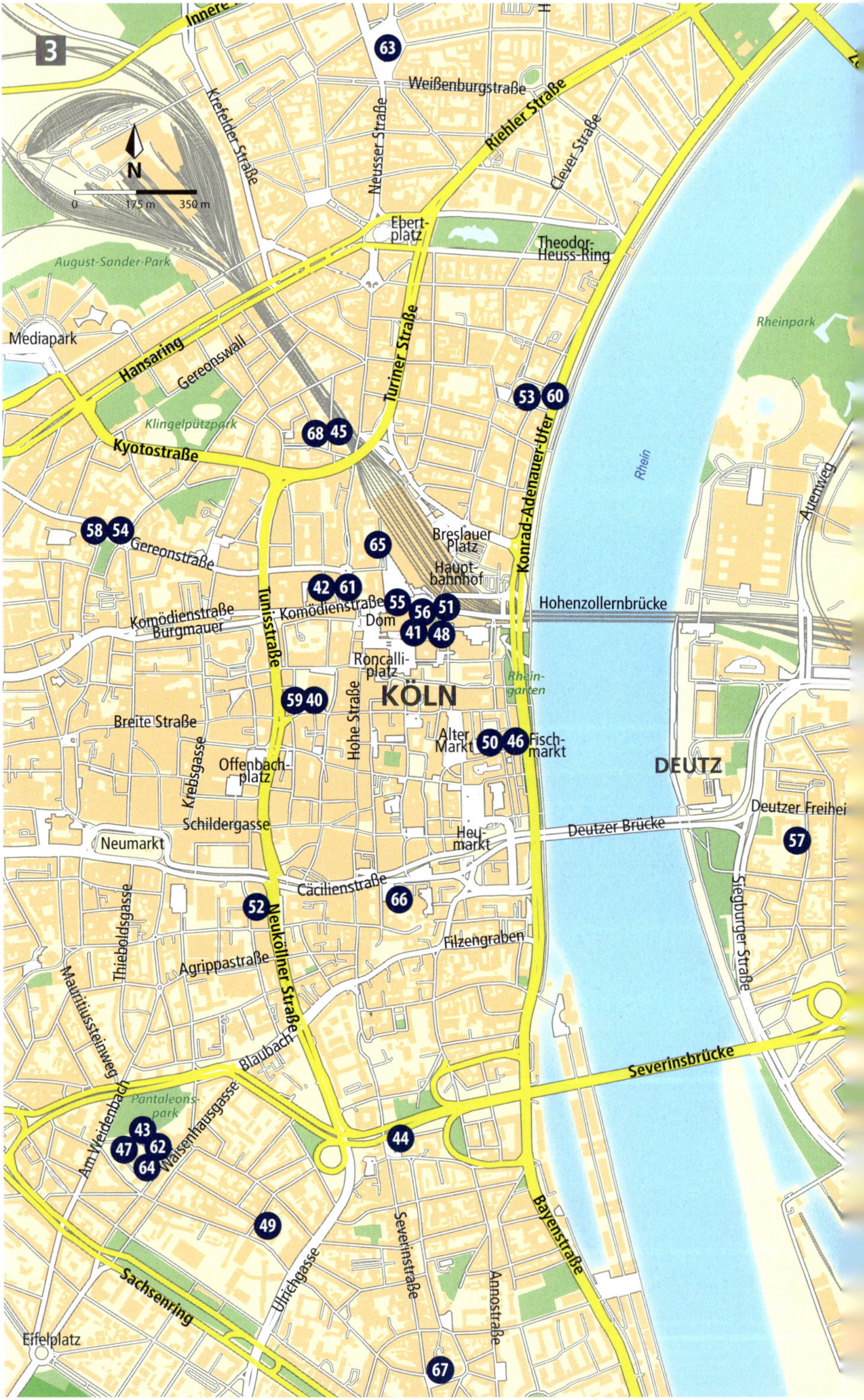
3
N
0
175 m
350 m
Weißenburgstraße
Riehler Straße
Krefelder Straße
Neusser Straße
Clever Straße
Ebert-platz
Theodor-Heuss-Ring
August-Sander-Park
Mediapark
Hansaring
Gereonswall
Turiner Straße
Rheinpark
Klingelpützpark
Kyotostraße
Konrad-Adenauer-Ufer
Rhein
Auenweg
Gereonstraße
Breslauer Platz
Haupt-bahnhof
Komödienstraße
Burgmauer
Dom
Hohenzollernbrücke
Tunisstraße
Roncalli-platz
Rhein-garten
KÖLN
Breite Straße
Hohe Straße
Alter Markt
Fisch-markt
Krebsgasse
Offenbach-platz
DEUTZ
Schildergasse
Neumarkt
Heu-markt
Deutzer Brücke
Deutzer Freihei
Cäcilienstraße
Neuköllner Straße
Filzengraben
Thieboldsgasse
Agrippastraße
Siegburger Straße
Mauritiussteinweg
Blaubach
Severinsbrücke
Pantaleons-park
Am Weidenbach
Waisenhausgasse
Bayenstraße
Severinstraße
Ulrichgasse
Annostraße
Sachsenring
Eifelplatz
63
53
60
68
45
58
54
65
42
61
55
56
51
41
48
59
40
50
46
57
52
66
43
47
62
64
44
49
67

RHEINLAND
Maßstab 1:1.500.000
Kilometer
Östliche Länge v. Greenwich
Orte von über 100.000 E.
Orte von über 5000 E.
Die Provinzhauptorte sind doppelt, die Regierungsbezirkshauptorte einfach, die Kreishauptorte gebrochen unterstrichen
Düsseldorf
Köln
Aachen
Koblenz
Trier
WESTFALEN
WALDECK
BELGIEN
LUXEMBURG
LOTHRINGEN
PFALZ
RHEINHESSEN
STARKENBURG
ELSASS
Oldenburg
Coblenz
Cöln
Frankfurt
Wiesbaden
Mainz
Mannheim
Kaiserslautern
Saarbrücken
Metz
Karlsruhe

N° 13

Literatur

Becker-Huberti, Manfred / Beikircher, Konrad: Heilige in Köln. Ein bisschen schräg, ein Stückchen anders. Köln 2012.

Dammer, Inga / Adam, Birgit: Das große Heiligenlexikon. Patrone, Gedenktage, Leben und Wirken von mehr als 500 Heiligen. München 1999.

Dietmar, Carl: Das mittelalterliche Köln. Der historische Stadtführer. Köln 2004.

Döring, Alois: Heilige Helfer. Rheinische Heiligenfeste durch das Jahr. Köln 2009.

Feldmann, Christian: Kämpfer, Träumer, Lebenskünstler. Große Gestalten und Heilige für jeden Tag. Freiburg 2005.

Fichtinger, Christian: Lexikon der Heiligen und Päpste. Gütersloh 1980.

Förderverein Romanische Kirchen Köln e. V.: Colonia Romanica. Jahrbuch. Köln 2016.

Gemeinhardt, Peter: Die Heiligen. Von den frühchristlichen Märtyrern bis zur Gegenwart. München 2010.

Gorys, Erhard: Lexikon der Heiligen. München 2005

Hinkel, Helmut: Die Diözesanheiligen im deutschsprachigen Raum. Mainz 1987.

Jöckle, Clemens: Das große Heiligenlexikon. Köln 2003.

Kaiser, Jürgen: Pilgerorte im Rheinland. Köln 2017.

Keller, Hiltgart L.: Reclams Lexikon der Heiligen und biblischen Gestalten. Stuttgart 2001.

Kier, Hiltrud: Die Romanischen Kirchen in Köln. Führer zu Geschichte und Ausstattung. Köln 2014.

Kirschbaum, Engelbert (Hrsg.): Lexikon der christlichen Ikonographie. 6 Bände. Freiburg 1968.

Legner, Anton: Kölner Heilige und Heiligtümer. Ein Jahrtausend europäischer Reliquienkultur. Köln 2003.

Leidl, August (Hrsg.): Bistumspatrone in Deutschland. München 1984.

Mayer, Richard (Hrsg.): Die Heiligen in Deutschland. Ein Lexikon der 540 deutschen Orte, an denen Heilige gelebt haben. München 1987.

Meier, Esther: Handbuch der Heiligen. Darmstadt 2010.

Melchers, Erna und Hans: Das große Buch der Heiligen. Geschichte und Legende im Jahreslauf. München 1978.

Moll, Helmut: »Wenn wir heute nicht unser Leben einsetzen …« Märtyrer des Erzbistums Köln aus der Zeit des Nationalsozialismus. Köln 2016.

Moll, Helmut (Hrsg.): Zeugen für Christus. Das Deutsche Martyrologium des 20. Jahrhunderts. 2 Bände. Paderborn 2019.

Rode, Andreas: Das Jahresbuch der Heiligen. Große Gestalten für jeden Tag. München 2008.

Schäfer, Joachim (Hrsg.): Ökumenisches Heiligenlexikon. Stuttgart 2019.

Schäfke, Werner: Kölns romanische Kirchen. Architektur, Ausstattung, Geschichte. Köln 1985.

Schauber, Vera / Schindler, Hanns Michael: Heilige und Namenspatrone im Jahreslauf. Augsburg 1998.

Schlafke, Jakob: Wallfahrt im Erzbistum Köln. Köln 1989.

Schütte, Albert: Handbuch der deutschen Heiligen. Alphabetisches Verzeichnis der deutschen Heiligen, Seligen, Ehrwürdigen und Gottseligen. Köln 1941.

Sellner, Albert Christian: Immerwährender Heiligenkalender. Frankfurt am Main 1993.

Torsy, Jakob (Hrsg.): Lexikon der deutschen Heiligen, Seligen, Ehrwürdigen und Gottseligen. Köln 1959.

Urban, Albert J. (Hrsg.): Lexikon der Heiligen. Paderborn 2005.

Wimmer, Otto / Melzer, Hartmann: Lexikon der Namen und Heiligen. Hamburg 2002.

Dank an:

Dom zu Aachen; Domschatzkammer, Aachen; Armen-Schwestern vom hl. Franziskus, Aachen; St. Johann-Baptist, Aachen-Burtscheid; Benediktinerabtei Kornelimünster, Aachen-Kornelimünster; Probsteikirche St. Kornelius, Aachen-Kornelimünster; Altenberger Dom, Odenthal-Altenberg; Arnolduskapelle, Düren-Arnoldsweiler; St. Chrysanthus und St. Daria, Bad Münstereifel; St. Donatus, Bad Münstereifel; St. Willibrord, Bedburg-Kirdorf; Rochuskapelle Sand, Bergisch Gladbach; Rochuskapelle Loope, Engelskirchen-Loope; St. Hildegard, Rüdesheim-Eibingen; St. Mariä Himmelfahrt, Blankenheim; Bonner Münster; St. Maria und St. Clemens, Bonn-Schwarzrheindorf; St. Peter, Bonn-Vilich; St. Nikolaus und St. Medardus, Pulheim-Brauweiler; St. Anna, Düren; St. Lambertus, Düsseldorf; St. Margareta, Düsseldorf-Gerresheim; St. Suitbertus, Düsseldorf-Kaiserswerth; Essener Münster; Domschatz Essen; St. Ludgerus, Essen-Werden; Wallfahrtskirche Fraukirch, Thür; St.-Hubertus-Kapelle, Grafschaft-Birresdorf; St.-Martinus-Kirche, Grevenbroich-Wevelinghoven; Abtei Himmerod, Großittlingen; St. Mariä Himmelfahrt, Jülich; Gnadenkapelle, Kevelaer; St. Lubentius, Kobern-Gondorf; St. Kastor, Koblenz; St. Mariä Empfängnis, Köln; Dom zu Köln; Domschatzkammer Köln; St. Andreas, Köln; St. Pantaleon, Köln; St. Johann Baptist, Köln; St. Ursula, Köln; Groß St. Martin, Köln; Karmel Maria vom Frieden, Köln; St. Peter, Köln; St. Kunibert, Köln; St. Gereon, Köln; Neu St. Heribert, Köln; St. Agnes, Köln; St. Mariä Himmelfahrt, Köln; St. Maria im Kapitol, Köln; St. Severin, Köln; St. Pankratius am Worringer Bruch, Köln-Worringen; Kloster Heisterbach, Königswinter-Heisterbach; St. Judas Thaddäus, Königswinter-Heisterbacherrott; St. Andreas, Leverkusen-Schlebusch; Wallfahrtskapelle St. Jost, Langenfeld; St. Petrus, Meckenheim-Lüftelberg; Haus Meer, Meerbusch; St. Lutwinus, Mettlach; St. Vitus, Mönchengladbach; Kloster Neuwerk, Mönchengladbach-Neuwerk; St. Urban, Mündt-Titz; Irmundis-Kapelle, Mündt-Titz; St. Quirinus, Neuss; St. Salvator, Prüm; St. Apollinaris, Remagen; St.-Barbara-Kapelle, Rösrath-Hellenthal und LVR-Freilichtmuseum, Lindlar; St. Servatius, Siegburg; St. Mariä Himmelfahrt, Solingen-Gräfrath; Kapelle St. Reinoldi, Solingen-Rupelrath; Stiftskirche St. Goar (evangelisch), Pfarrkirche St. Goar (katholisch), St. Goar; St. Wendelin, St. Wendel; St. Potentinus und Kloster Steinfeld, Kall-Steinfeld; St. Antonius, Swisttal-Straßfeld; St. Quiriacus und St. Auctor, Taben-Rodt; Banthuskapelle am Dom, Trier; St. Paulin, Trier; Blandine-Merten-Haus, Trier; St. Matthias, Trier; Dom zu Trier; Domschatzkammer, Trier; Maria-Hilf-Kapelle, Trier; Welschnonnenkirche, Trier; St. Simeon, Trier; Liebfrauenkirche, Trier; St. Marien und St. Martin, Trier-Pfalzel; Wallfahrtskapelle St. Irmgardis, Viersen-Süchteln; St. Walburga, Bornheim-Walberberg; Waldbreitbacher Franziskanerinnen, Waldbreitbach; St. Laurentius, Wuppertal; St. Sebastian, Würselen; St. Viktor, Xanten; St. Nikolaus und St. Alderikus-Kapelle, Zülpich-Füssenich

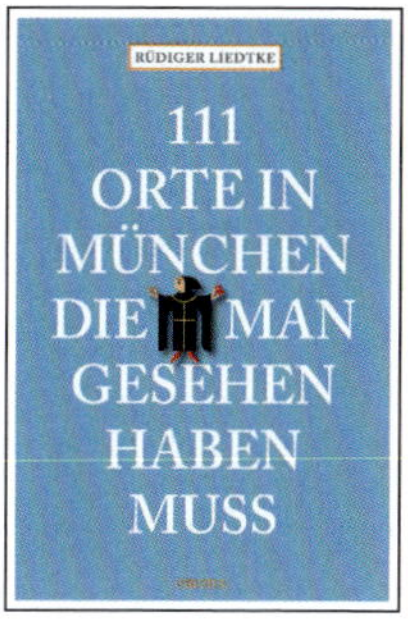

Rüdiger Liedtke
111 Orte in München, die man gesehen haben muss
ISBN 978-3-89705-892-7

Rüdiger Liedtke
111 Orte in München, die man gesehen haben muss, Band 2
ISBN 978-3-7408-0722-1

Rüdiger Liedtke
111 Orte in München, die Geschichte erzählen
ISBN 978-3-7408-0876-1

Rüdiger Liedtke
55 ½ Orte rund ums Oktoberfest, die man gesehen haben muss
ISBN 978-3-95451-370-3

Rüdiger Liedtke
111 Kölner Meisterwerke, die man gesehen haben muss
ISBN 978-3-95451-838-8

Laszlo Trankovits, Rüdiger Liedtke
111 Orte in Kapstadt, die man gesehen haben muss
ISBN 978-3-95451-456-4

Rüdiger Liedtke
111 Orte in München auf den Spuren der Nazi-Zeit
ISBN 978-3-7408-0354-4

Kay Walter, Rüdiger Liedtke
111 Orte in Brüssel, die man gesehen haben muss
ISBN 978-3-7408-0128-1

Rüdiger Liedtke
111 Orte auf Mallorca, die man gesehen haben muss
ISBN 978-3-7408-0871-6

Rüdiger Liedtke ist Autor der Erfolgsbücher »111 Orte in München, die man gesehen haben muss, Band I und II«, »111 Orte in München, die Geschichte erzählen« und »111 Kölner Meisterwerke, die man gesehen haben muss«. Der Autor lebt und arbeitet in Köln. www.ruediger-liedtke.de